AF619446

BIBLIOTHÈQUE

DES

ÉCOLES CHRÉTIENNES

APPROUVÉE

PAR S. ÉM. LE CARDINAL ARCHEVÊQUE DE TOURS

2e SÉRIE

Catherine se rendit à l'église, et son trajet fut une marche triomphale.

HISTOIRE
ABRÉGÉE
DE RUSSIE

DEPUIS L'ORIGINE DE LA MONARCHIE
JUSQU'A NOS JOURS

PAR M. DE MARLÈS

TOURS
A^D MAME ET CIE, IMPRIMEURS-LIBRAIRES

1856

Catherine se rendit à l'église, et son trajet fut une marche triomphale.

certaines et à produire la conviction. Tout cela, au surplus, se réduit à dire que les Cimmériens sont les plus anciens habitants connus des vastes contrées qui forment aujourd'hui les provinces méridionales de l'empire russe; que les Scythes (et rien n'est aussi vague que ce mot dans la bouche des historiens grecs), refoulés à l'ouest par les Massagètes, s'établirent entre l'Ister (Danube) et le Tanaïs (Don), et que les Cimmériens, après une longue résistance, furent obligés de leur céder le pays qu'ils habitaient; que ces événements sont antérieurs de beaucoup aux temps où vécut Cyrus, c'est-à-dire antérieurs de sept à huit siècles à l'ère chrétienne. Hérodote ajoute que les Scythes se divisaient en plusieurs grandes peuplades, qu'ils mangeaient la chair et buvaient le sang des vaincus, qu'ils se couvraient de leurs peaux, et adoraient la divinité sous la forme d'une épée. La horde à laquelle appartenait le roi s'étendait depuis la mer d'Azof jusqu'à treize ou quatorze journées de l'embouchure du Dniéper. Au reste, les Scythes n'habitaient pas seuls tout le sol actuel de la Russie; il y avait des Tirètes à l'embouchure du Tyras (Dniester); des Nèvres, vêtus de fourrures *comme des loups* dans la Pologne; des Androphages à quatre mille stades (deux cents lieues) au nord de la mer Noire; des Sarmates ou Sauromates au delà du Don; des Gélons et autres qui vivaient dans les forêts. A l'orient c'étaient des Scythes qui s'étaient séparés de la horde royale, et s'étendaient jusqu'à une grande chaîne de montagnes (probablement les monts Ourals), et des Agrippiens, qui *avaient le nez aplati* (probablement les Kalmouks).

Au delà de ces derniers peuples, on ne trouvait rien, ou du moins l'historien grec l'ignore. Tous les peuples que nous venons de nommer formaient aux yeux des Grecs la grande nation scythique; ils étaient tous compris dans cette dénomination commune.

Dans les temps postérieurs, les Romains, agrandissant leur empire par la conquête, plantèrent leurs aigles sur les régions caucasiennes, tandis que les Gètes, qu'Alexandre avait chassés des bords du Danube, s'emparaient des contrées situées entre ce fleuve et le Bo-

HISTOIRE
ABRÉGÉE
DE RUSSIE

CHAPITRE I

SERVANT D'INTRODUCTION.

COMMENCEMENT DE L'EMPIRE RUSSE.

Rien n'est plus obscur que l'histoire ancienne de la Russie. On a voulu expliquer ce qui est inexplicable, indiquer d'une manière exacte les commencements d'une nation qui compte parmi ses ancêtres une infinité de hordes sauvages, dont il est impossible de déterminer avec précision ni l'origine, ni la patrie, ni le degré d'antiquité ; on ne saurait donc former que des conjectures, fondées les unes sur quelque ressemblance de physionomie, les autres sur quelque identité dans le langage, ou sur l'homogénéité apparente des mœurs, des coutumes, des habitudes. Mais des conjectures qu'on peut combattre par d'autres conjectures ne peuvent établir une vérité positive. Avouons donc que les Russes n'ont point d'histoire ancienne, pas plus que les Germains, que les Francs, que les Bretons, que les Ibères ou que les Celtes, et tous les peuples qui, à des époques plus ou moins reculées, sont venus se répandre de l'Asie sur notre Europe.

On dit que, 500 ans avant J.-C., des colonies grecques s'établirent sur les rivages de la mer Noire, et que ces colonies ont pu fournir des renseignements exacts sur les anciens Russes ; mais ces renseignements, recueillis par Hérodote, sont bien peu propres à donner des idées

rysthène (Dniéper), et que les Sarmates, traversant le Don, arrivaient du côté de l'orient. Alors la race scythe, pressée de toutes parts, perdit sa nationalité et s'incorpora dans la masse des vainqueurs; son nom seul se conserva.

Dans les siècles suivants on voit les Sarmates lutter avec les Romains et disparaître enfin sous l'empereur Marcien; les Massagètes se livrer, sous le nom d'Alains, à des incursions dévastatrices; les tribus germaines s'avancer des bords de la Baltique vers les rivages du Pont-Euxin et fonder un vaste empire entre ces deux mers. Les Vénèdes et les Slaves, d'origine commune, suivant Jornandez, faisaient partie de cette grande confédération, qui reconnaissait Hermanrick pour chef; mais vers la fin du IVe siècle, les Huns vinrent des frontières septentrionales de la Chine, et se précipitèrent sur l'empire goth, qu'ils détruisirent. Hermanrick, déjà centenaire, ne pouvant résister, se donna la mort; les peuplades de l'orient subirent le joug des Huns, celles de l'occident obtinrent des Romains la liberté de s'établir dans la Thrace.

Balamber, roi des Huns, consolida sa conquête, et soumit d'autres peuples. Attila, qui lui succéda, augmenta encore cette puissance, et médita la conquête du monde entier. Vaincu dans les plaines catalauniques, il ne survécut à sa défaite que fort peu de temps, et avec lui tomba la puissance qu'il avait fondée (454). Les fils d'Attila divisèrent son héritage, et peu à peu ils perdirent toutes les conquêtes dont il se composait. Les Gépides, qui étaient venus de la Baltique avec les Goths, chassèrent les Huns de la Pannonie. Ceux-ci se maintinrent toutefois encore pendant quelque temps entre le Danube et le Dniester, et donnèrent à cette portion de pays le nom de Hunnivar; mais à la fin ils disparurent comme les Scythes, incorporés et mêlés avec leurs vainqueurs.

Bientôt après la chute d'Attila on vit arriver d'autres peuples: les Ougres et les Bulgares, descendus des monts Ourals et des rives orientales du Volga, s'établirent autour de la mer d'Azof, sur la mer Noire, et dans la Tauride, où ils trouvèrent déjà quelques tribus de Goths qui avaient embrassé le christianisme. D'un autre côté, les Slaves s'étendirent sans obstacles dans la Germanie, et vinrent augmenter la confusion. Vers le VIe siècle, ils occupaient la Bohême, la Saxe, la Moravie; les Antes, de la même famille, habitaient les contrées au nord de la mer Noire; les Ougres et les Bulgares se maintenaient entre la mer Caspienne et le Dniéper. Les Slaves, plus féroces encore que les Huns, ravagèrent les provinces de l'empire quand ils n'obtinrent pas des empereurs la liberté de s'y établir. Vers le même temps, les Huns-Ogors, que l'on confond avec les Avares, arrivèrent du fond de l'Asie. Ces Avares étaient, dit-on, un reste des Huns; ils relevèrent l'empire d'Attila; leur roi Baïon soumit successivement les Ougres, les Bulgares, les Antes, les Gépides, s'empara de la Bohême, de la Moravie, de la Dacie, de la Pannonie, et sa domination s'étendit de l'Elbe au Volga. Les Turcs se saisirent de la Tauride; mais bientôt après ils se rejetèrent sur l'Asie.

Les Avares ne jouirent pas tranquillement des pays dont ils s'étaient emparés; les hordes slaves se révoltèrent, celles de la Bohême s'affranchirent; d'autres s'établirent dans la Hongrie; d'autres encore chassèrent les Avares de l'Illyrie et des contrées voisines de l'Adriatique; au milieu du VIIe siècle, les Slaves du Danube, les derniers qui restaient encore sous le joug, recouvrèrent à leur tour l'indépendance. Tout ce qui restait des Avares se réunit et s'aggloméra dans la Dacie et la Pannonie; mais à la fin ils furent dispersés ou subjugués, et leur nom disparut comme celui des Huns, comme celui des Scythes. Les Slaves occupèrent alors la Russie et la Polanie, devenue plus tard la Pologne. Cependant les Slaves n'étaient point maîtres exclusifs de toute la contrée; il y avait beaucoup d'autres peuplades dans la Livonie, dans l'Esthonie, dans la Finlande, sur les bords du lac Ladoga, etc., Mériens, Mouromiens, Liviens, Tchoudes, Naroviens, Emiens, Vesses, Yougres ou Ostiaks, etc.

Il paraît que les Finnois de Tacite, habitants primitifs

des contrées arctiques, comprenaient les Lapons, les Tchouvatches, les Ostiaks de l'Oby et autres; que ces peuplades restèrent confinées entre la Baltique et la mer Glaciale, qu'elles abandonnèrent aux Goths la Suède et la Norwége, et laissèrent les Slaves s'établir dans la Russie.

Vers les commencements du VIIIe siècle, la Russie fut encore envahie par des peuples sortis de l'Asie. Ces nouveaux conquérants portaient le nom de Khozars ou Khazars. On croit qu'ils étaient de race turque; ils habitaient le rivage occidental de la mer Caspienne. Ils avaient subi le joug d'Attila; mais après sa mort ils reprirent toute leur puissance, et non-seulement ils forcèrent les empereurs d'Orient à vivre en paix avec eux, mais encore ils repoussèrent tous les efforts des califes. A l'époque dont nous parlons, ils remontèrent le cours du Dniéper, et s'établirent sur ses deux rives. Ils avaient déjà quelques traces de civilisation, et dès le VIIe siècle ils avaient renoncé à l'idolâtrie pour embrasser le judaïsme; plus tard (858) ils renoncèrent au judaïsme pour suivre la loi de Jésus-Christ.

Les Slaves, dit Karamsin, étaient grands, forts, agiles, courageux, mais extrêmement sales. Ils excellaient dans l'art de dresser des embuscades, au point de se tenir cachés sous l'eau, et d'y rester blottis plusieurs heures jusqu'à ce que l'ennemi se montrât; ils respiraient au moyen de longs roseaux creux dont ils introduisaient une extrémité dans leur bouche. Ils avaient pour armes une épée à deux tranchants, un javelot, des flèches empoisonnées, et de larges boucliers. S'ils remportaient la victoire, ils se livraient aux plus horribles excès; vaincus eux-mêmes, ils se dispersaient et se cachaient au milieu même de leurs ennemis, qui ne soupçonnaient pas leur existence. Si les vainqueurs les envoyaient au supplice, ils souffraient la mort avec une constance inébranlable. Ils sacrifiaient aux dieux les prisonniers qu'ils faisaient.

L'hospitalité envers les étrangers était en honneur chez les Slaves; la fidélité conjugale était un devoir sacré; les femmes se dévouaient à la mort quand elles perdaient leurs maris; au reste elles étaient regardées et traitées comme esclaves, et suivaient ordinairement leurs époux ou plutôt leurs maîtres à la guerre. Le meurtre était puni par le meurtre. Un père qui avait trop d'enfants pouvait tuer ses filles, mais il était obligé de conserver les garçons, que leur sexe appelait à la guerre. Les enfants à leur tour pouvaient tuer leurs parents devenus vieux ou infirmes.

Les Polaniens étaient, suivant Nestor, moins barbares que les autres; mais les Dreuliens, les Sévériens, les Radimitches et les Vistiches, qui vivaient dans les bois, différaient très-peu de la brute qui partageait leur demeure. Les Slaves du Danube bâtissaient leurs cabanes au milieu des marais; ceux qui habitaient près des Germains, des Scythes et des Sarmates, se nourrissaient du produit de leurs troupeaux. Les Vénèdes, dit Tacite, ressemblaient aux Germains; ils allaient sans vêtement de même que les Slaves.

La Russie était fréquentée par les marchands qui apportaient des toiles, du cuir, des grains qu'ils échangeaient contre des bestiaux. Pendant le VIIIe siècle, les Slaves eux-mêmes commencèrent à se rendre chez leurs voisins pour y trafiquer. Dans le même temps, ils apprirent à exploiter les mines. Ils aimaient passionnément la musique; ils avaient pour instruments des espèces de luth ou de harpe, la musette, la cornemuse (*goudok*) et le chalumeau. Leurs chansons ne furent d'abord que des hymnes de guerre; quand les mœurs s'adoucirent, ils chantèrent la paresse et le plaisir. La danse se mêlait presque toujours aux chants. Ils avaient quelque vague notion d'astronomie, car ils divisaient leur année en douze mois.

Quant à l'origine des Slaves, elle est à peu près inconnue; Lévesque, après une longue et curieuse dissertation, finit par avouer qu'il n'a pu avoir que des conjectures.

Les Slaves du VIe siècle adoraient le dieu blanc ou *Bielibog*, qui ne se communiquait pas aux hommes, mais les protégeait par le moyen des dieux intermédiaires; il était représenté sous la forme humaine, et sa statue était toujours tachée de sang, ce qui indiquait que le sang coulait sur ses autels; *Tchernyboy* ou le dieu noir, ennemi de l'homme et représenté sous la forme d'un lion; il avait pour prêtres des espèces de magiciens ou sorciers : on lui offrait des victimes humaines. Leur grand dieu était *Peroun*, dieu tonnant, vengeur des crimes. A Novgorod, qu'on prétend fondée sur l'emplacement de l'ancienne Slavensk, capitale des Slaves, et à Kief, Peroun était représenté avec la tête d'argent, les oreilles et les moustaches d'or, les jambes de fer, le corps d'un bois très-dur, les yeux de rubis et d'autres pierres. Des prêtres étaient chargés d'entretenir toujours allumé devant l'idole le feu sacré; si par malheur ils le laissaient s'éteindre, on brûlait les coupables. On sacrifiait aux dieux des animaux, des prisonniers et même des enfants slaves. *Sviatovid* était le dieu du soleil et de la guerre, idole colossale à quatre têtes, une corne pleine de vin dans une main, un arc dans l'autre, une épée nue suspendue à la cuisse; on plaçait auprès du dieu des harnais de cheval; le cheval lui-même était attaché dans un lieu voisin. Le temple principal de Sviatovid était dans l'île de Rughen; sa fête était célébrée avant la moisson avec la plus grande solennité. Ce dieu rendait des oracles; il recevait comme tous les autres des sacrifices humains. Celui qui avait lieu le jour de la fête se composait de trois cents cavaliers qu'on brûlait vivants. Outre ces grands dieux, les Slaves avaient une infinité de dieux subalternes, génies bons et mauvais, nymphes, demi-dieux, géants, satyres, centaures, etc.

La superstition ne s'arrêtait pas là. Il y avait des forêts sacrées, et révérées comme des divinités; des fleuves, des lacs dieux, à qui l'on sacrifiait aussi des victimes humaines.

Les Slaves avaient des dieux particuliers pour la guerre; leurs bannières, leurs étendards étaient censés participer à la nature divine. Ils avaient des prêtres qui demeuraient près des temples et vivaient des offrandes qu'ils recevaient. Le grand pontife de Rughen joignait la puissance temporelle à la spirituelle. On brûlait les morts. La femme du défunt, son cheval et ses armes étaient brûlés avec lui. On recueillait les cendres dans une urne, et l'urne était ensevelie dans une tombe, sur laquelle on érigeait une colonne ou qu'on entourait de pierre. Un grand festin accompagnait toujours la cérémonie des funérailles. Les Russes conservent encore des traces de cet usage; ils distribuent aux assistants du thé, du vin, du café, des liqueurs, etc., et tout cela doit se prendre autour du lit sur lequel le mort est exposé dans ses plus beaux atours.

La dispersion des tribus slaves, ou plutôt leur mélange avec une infinité de peuplades conquérantes, a produit beaucoup de dialectes, parmi lesquels on distingue le *russe*, qui est le plus pur; le *polonais*, qui est mêlé de teuton et de latin; le Hongrois *slavak*, qui se rapproche le plus de l'ancien slave; l'*illyrien*, qui est le plus grossier; le *servien* ou *bosnien*, qui est le plus doux.

Nous ne dirons rien du gouvernement des anciennes peuplades slaves. Ce gouvernement fut ce qu'il est, ce qu'il sera toujours chez tous les peuples sauvages. L'autorité la moins contestée était celle des vieillards, qu'on consultait religieusement dans toutes les affaires. Dans le VIIIe siècle, l'aristocratie commença de s'établir; elle donna aux Slaves des chefs, des capitaines, des magistrats, les uns pour conduire le peuple à la guerre, les autres pour administrer la justice. Les bois sacrés jouissaient du droit d'asile, c'est-à-dire que tout criminel qui pouvait y entrer cessait d'être poursuivi.

Les Slaves russes n'avaient point de lois écrites, ils se conduisaient conformément aux usages existants; on ignore même par quel pouvoir ils étaient gouvernés. En 862, Rurik reçut le titre de *kniaz*, prince ou capitaine; un traité conclu avec l'empire grec en 912 fait mention des *boyards*, seigneurs ou principaux du pays; mais on ignore si ces deux titres furent créés à cette époque ou s'ils existaient déjà.

Tout ce qui vient d'être dit ne concerne guère que les tribus slaves de la Baltique, de la Prusse, de la Bohême, de la Pologne, du Danube et de la mer Noire;

mais on ne connaît que par une sorte d'analogie les Slaves de l'intérieur et les Slaves du nord, qui fondèrent l'empire russe. Tout ce qu'on peut dire c'est que l'histoire de la Russie ne peut pas remonter au delà du milieu du IXe siècle.

Le nom de Russie vient d'un peuple qui portait le nom de Varègues-Russes, et qui obéissait à cette époque à trois frères nommés Rurik, Sinaf et Trouvor. Les premiers établissements de ces Varègues eurent lieu autour de Novgorod, que Lévesque et Karamsin représentent comme une république, et qui probablement ne consistait qu'en une réunion de familles qui mettaient en quelque sorte leurs intérêts en commun, afin de jouir des avantages que la société peut produire. Ainsi les Varègues ne trouvèrent à Novgorod qu'une population barbare et très-peu éloignée encore de l'état sauvage, lorsqu'ils y arrivèrent vers l'an 859. Quant aux Varègues, comme la mer Baltique, sur les bords de laquelle ils avaient habité, portait autrefois le nom de mer des Varègues, et que les Scandinaves seuls dominaient sur cette mer, on croit, et c'est l'opinion de Nestor (moine de Kief, mort en 1112), que les Varègues étaient un mélange d'Ourmiens ou Norwégiens, de Suèves ou Suédois, d'Angles et de Goths.

Les Russes proprement dits venaient, selon Karamsin, de la côte occidentale de la Baltique, c'est-à-dire de la Suède, d'un lieu nommé Ros-Laghen, dont les habitants sont encore appelés par les Finnois *Rosses* ou *Roustres*. Lévesque pense, au contraire, que les Varègues-Russes sont Huns d'origine, et il établit son opinion sur de fortes présomptions. Nous croyons inutile d'entrer dans aucun détail sur ce point; car il est assez indifférent aujourd'hui de savoir si les Russes sont de race hunique ou de race gothique. Ce qui paraît certain, c'est que le nom de Rurik est un nom gothique et non un nom oriental, et Nestor, qui écrivait à deux cent cinquante ans environ de l'événement, qui par conséquent avait consulté des traditions encore vivantes, assure positivement que les Varègues-Russes sortirent du bord occidental de la Baltique.

Les Varègues firent leur première incursion, la première du moins dont la mémoire se soit conservée, en 859 de l'ère chrétienne. Venaient-ils dans l'intention de s'établir ou seulement de piller et de faire du butin, suivant l'usage des North-Men, ou Normands de cette époque, c'est ce qu'il est impossible de dire. En 862, ils revinrent, et cette fois ce fut pour conquérir. Ici Nestor soutient que les habitants de Novgorod, c'est-à-dire les Slaves de l'Ilmen, les Krivitches, les Vesses, et les Tchoudes les avaient appelés pour leur offrir leur pays et pour en être gouvernés. Karamsin n'ose pas adopter franchement cette version, qui flatte l'orgueil national des Russes; il se contente de dire que les Varègues avaient gouverné les tribus des Slaves, qu'ils avaient soumises, avec tant de sagesse, que les tribus slaves se hâtèrent d'accepter le joug. Lévesque est bien moins explicite encore que Karamsin; il doute avec raison qu'il y ait eu de la part des Slaves élection d'un prince étranger. Ce serait en effet une chose sans exemple qu'une élection de ce genre faite par des peuples barbares. Il est beaucoup plus vraisemblable que les Varègues ont occupé le pays par droit de conquête, comme les Normands leurs frères ont occupé la Bretagne, comme les Francs ont occupé la Gaule et les Goths l'Espagne, les Ostrogoths l'Italie et les Vandales l'Afrique.

Rurik eut d'abord à défendre sa conquête contre la révolte de ses nouveaux sujets; il vainquit et tua de sa main, sur le champ de bataille, le chef des insurgés; il fit périr ensuite tous les chefs qui lui portaient ombrage, agrandit ses États par de nouvelles conquêtes, et devint seul maître du pays par la mort de ses deux frères, survenue en 865. Pour attacher à sa cause ses capitaines et ses soldats, il leur distribua des terres à la charge du service militaire; puis, déclarant Novgorod siége de son gouvernement, il entoura cette ville d'une forte enceinte de terre soutenue par un mur de charpente.

Comme, depuis cette époque, Rurik ne s'appliqua plus qu'à maintenir la paix autour de lui, deux frères, Dir et Askold, ses anciens compagnons d'armes et non moins ambitieux, se portèrent du côté de Kief, sur le Dniéper, et s'emparèrent de cette ville, où ils fondèrent un second empire russe. Les conquérants furent à leur tour vaincus par les apôtres du christianisme. Les deux frères embrassèrent la religion du Christ, et leurs soldats peu à peu se convertirent. Rurik mourut en 879; il laissa la couronne à son fils Igor, qui n'avait que quatre ans, et nomma pour lui servir de tuteur, et en même temps pour gouverner la Russie, un de ses parents nommé Oleg. Celui-ci répondit assez mal à la confiance de Rurik; car, au lieu de gouverner l'Etat au nom de son pupille, il régna de fait, et probablement de droit; car rien alors n'était moins bien établi que le droit de succession. Karamsin parle d'Oleg, du grand Oleg, comme ayant véritablement régné; mais, comme il ne laissa point d'enfants à sa mort (912), Igor, son ancien pupille, alors âgé de trente-sept ans, lui succéda sur le trône.

Le nom de grand avait été donné à Oleg par les Varègues parce que ce prince fit beaucoup de conquêtes, qu'il fit de Kief la capitale de ses nouveaux Etats, qu'il obligea les Slaves, les Krivitches, les Dreuliens, qui vivaient dans les bois, les Sévériens, qui campaient sur les bords du Dniéper, les Radimitches, leurs voisins, à se soumettre à sa domination, et à lui payer un tribut. Les anciennes chroniques assurent même qu'Oleg alla ravager l'empire grec, et que Constantinople assiégée n'acheta la retraite des barbares qu'en leur livrant son or. Ainsi Rome s'était jadis délivrée des Gaulois de Brennus. On a remarqué que dans le traité de Constantinople les envoyés d'Oleg, bien qu'ils fussent tous Varègues, se sont intitulés : *Russes de naissance* et députés du *grand prince de Russie ;* c'est depuis cette époque que ce nom de Russie a été généralement adopté pour désigner cette vaste contrée qu'habitaient les tribus slaves; les vainqueurs avaient imposé leur nom aux vaincus, comme les Francs aux Gaulois.

Ce fut sous le règne d'Igor que les Petchénègues, peuplades barbares de l'orient, que leurs habitudes nomades et leur manière de combattre rendaient semblables aux Arabes du désert, vinrent s'établir entre les Russes et les Grecs. Cependant Igor prépara une grande expédition contre les terres de l'empire. Selon le moine Nestor elle ne comptait pas moins de dix mille barques et de quatre cent mille hommes, qui presque tous périrent. Ce prince, transporté de rage, ajoute l'historien, appela les Varègues de la Baltique, rassembla une armée innombrable et revint à la charge. L'empereur, épouvanté, lui paya une énorme rançon, et renouvela le traité d'Oleg.

Parvenu à un âge avancé, Igor aspirait au repos. C'était la coutume de ce temps de parcourir les provinces avec une armée pour lever les impôts. Igor avait chargé de ce soin un de ses généraux, ce qui mécontentait les Varègues de sa cour, qui, privés de ces courses lucratives, murmuraient hautement, et se plaignaient de voir passer les richesses en d'autres mains. Pour les apaiser, Igor se mit à la tête des mécontents, et commença sa tournée. Il visita d'abord les Dreuliens, et ceux-ci, exaspérés par ses vexations, attendirent que le gros de la troupe se fût éloigné, et ils assassinèrent Igor et tous ceux qui étaient restés près de lui (945).

Igor ne laissait pour régner après lui qu'un enfant en bas âge. Le boyard Asmould, gouverneur de ce prince, et le général des troupes, Sveneld, s'accordèrent avec la veuve d'Igor, Olga, et Sviatoslaf Igorévitch fut proclamé souverain sous la régence de sa mère. Le premier soin de la régente fut de punir les meurtriers de son mari. Ensuite elle s'occupa de donner aux peuples vainqueurs et vaincus des institutions capables d'assurer la paix intérieure, et d'accoutumer les Russes à recevoir les bienfaits d'une civilisation progressive. Olga, suivant les chroniques du pays, était une femme de grand caractère; elle était d'ailleurs chrétienne dans le cœur, et, lorsqu'elle crut son autorité suffisamment établie, elle n'hésita pas à se convertir publiquement. Elle eut pour parrain l'empereur Constantin Porphyrogénète, et fut baptisée à Constantinople des mains du patriarche; elle reçut le nom d'Hélène.

Olga protégea de toutes ses forces les missionnaires chrétiens et ceux qui adoptaient la loi de l'Evangile; mais elle eut le chagrin de ne pouvoir obtenir de son fils qu'il renonçât au culte des faux dieux. Quand elle le pressait le plus vivement, il lui répondait que ses guerriers se moqueraient de lui. Ce prince, au fond, ne respirait que guerre et conquête; il était toujours avec ses hommes d'armes, se soumettait aux plus dures privations, aux exercices les plus pénibles, et les étonnait eux-mêmes par son courage et ses projets de conquêtes. Dès que l'âge le lui permit, il alla porter la guerre jusque sur les bords du Danube, et il revint à Kief chargé de butin; sa mère mourut peu de jours après son retour.

Sviatoslaf avait toujours l'œil fixé sur Constantinople; il se repaissait de l'idée de faire de cette ville la capitale de son empire; pour y parvenir, il transporta le siége de son gouvernement à Péréaslavle, aujourd'hui Jamboli ou Preslawa, dans la Roumélie, à vingt-cinq lieues d'Andrinople. Non content d'avoir soumis les Khozars, et d'avoir poussé dans ses incursions jusqu'à la mer Noire et la mer Caspienne, il voulait renverser l'empire grec. Il eut d'abord des succès, mais les Grecs conservaient encore quelque chose de la discipline romaine, et la discipline, à la longue, triompha de la valeur sans expérience. Quand il fut malheureux, les Petchénègues, assez mal soumis, se révoltèrent. Sviatoslaf, forcé de regagner ses Etats avec une poignée de guerriers, voulut forcer le passage, et il périt victime de son audace (972). On dit que Kouria, roi des Petchénègues, se fit une coupe du crâne de Sviatoslaf, qu'il orna d'un cercle d'or.

A la mort de ce prince, le royaume se trouvait divisé entre ses enfants, qui le possédaient à titre d'apanage. Iaropolk, l'aîné, régnait à Kief; Oleg, le second, sur les Dreuliens; Uladimir, le troisième, avait Novgorod. Le vieux général Sveneg, qui haïssait mortellement Oleg, meurtrier de son fils, pressa Iaropolk de lui faire la guerre pour s'emparer de ses Etats; et dans une bataille Oleg perdit à la fois la couronne et la vie. Uladimir, épouvanté du sort de son frère, s'enfuit chez les Varègues, et le royaume de Novgorod fut réuni à l'empire. Mais Uladimir ne tarda pas à reparaître; il amenait une armée nombreuse de Varègues et d'autres tribus du nord. Novgorod lui ouvrit ses portes, toutes les provinces voisines se soumirent; Iaropolk, assiégé dans Rodnia, au confluent du Dniéper et de la Ross, attiré à une conférence avec Uladimir, fut traîtreusement assassiné par deux Varègues (980).

Uladimir Sviatoslavitch resta ainsi maître de l'entier héritage de son père. Les Varègues qui l'avaient aidé prétendirent à des récompenses, et comme ils se montrèrent exigeants, Uladimir gagna leurs principaux chefs en leur donnant des fiefs, et s'attacha les anciens Varègues et surtout les Slaves indigènes. Ce fut là une révolution politique qui eut pour résultat d'effacer peu à peu la distinction qui jusque-là s'était faite entre Varègues et Slaves; les emplois furent distribués aux uns et aux autres, tous obtinrent des fiefs, et le pouvoir devint héréditaire dans les familles. Cependant on trouve à cette époque des cités libres, telles que Novgorod et Pskoff, qui s'arrogeaient le droit de se donner des princes particuliers et celui de les expulser lorsque ceux-ci ne tenaient pas ce qu'ils avaient promis. Beaucoup de villes, à l'exemple de ces deux cités, eurent des magistrats élus par le peuple.

On dit qu'Uladimir poussa la débauche à un point excessif. Il était encore livré tout entier aux erreurs du paganisme; il avait érigé dans Kief une statue au dieu Péroun, auquel il offrit une victime humaine. Cependant le christianisme avait fait des progrès rapides, et Uladimir, qui venait de sacrifier aux idoles, donna aux Russes l'exemple de sa conversion subite; mais ce fut le rit des Grecs qu'il embrassa; il y avait déjà beaucoup de chrétiens grecs à Kief. On assure que cette conversion fut déterminée par le désir qu'Uladimir éprouvait d'épouser une princesse grecque que l'empereur ne lui accorda qu'à condition qu'il se ferait chrétien. Quoi qu'il en soit, il renversa, détruisit et condamna au feu les idoles, sans en excepter Péroun, qui fut jeté dans le fleuve. La population de Kief, de gré ou de force, reçut immédiatement le baptême (989).

Uladimir établit des écoles publiques, mais il dut menacer de peines graves les pères et mères pour les obliger d'y envoyer leurs enfants; car chez ces peuples, encore plus qu'à demi sauvages, on regardait l'écriture comme une invention de sorciers. Uladimir bâtit ensuite plusieurs villes; il les peupla d'habitants qu'il transportait d'un lieu à un autre. D'un autre côté, on construisait des églises, et quoiqu'il n'y eût pas encore de métropoles, on vit pourtant des évêques; on peut même dire que, protégé ouvertement par le souverain, le clergé russe acquit à cette époque des richesses et une influence qu'il conserve encore.

Le changement de religion avait complétement modifié le caractère d'Uladimir. Il n'eut plus qu'une épouse, la princesse grecque; et pour l'engager à réprimer par les armes les incursions des Petchénègues, il fallut tout le crédit que les évêques avaient pris sur lui. Il avait aboli la peine de mort dans un accès d'humanité irréfléchie; il fallut encore les vives remontrances du clergé pour qu'il la rétablît. Il faisait d'abondantes aumônes, afin que personne ne pût alléguer qu'il avait été poussé au crime par la nécessité. Des chariots chargés de vivres et de vêtements parcouraient les rues, et tout vieillard, tout infirme, recevait à l'instant ce qui lui était nécessaire; ces largesses avaient lieu en faveur de tous, sans distinction de race slave ou varègue, ce qui finit par confondre et mêler les deux peuples.

Uladimir mourut encore jeune (1014) dans une maison de plaisance qu'il avait auprès de Kief. Il fut regretté parce qu'on lui devait de grandes améliorations dans tous les genres. Il faut seulement le plaindre d'avoir usé sa vie dans l'abus des plaisirs durant sa jeunesse; sans ces excès, il aurait fait beaucoup plus encore pour sa nation et pour son pays.

Ce prince laissait pour lui succéder, outre les dix enfants qu'il avait eus de ses diverses femmes, un fils adoptif nommé Sviatopolk. Ce prince, d'un naturel presque féroce, ardent, impétueux et brave, était fils posthume de Iaropolk, assassiné sous les yeux d'Uladimir. Aussi les bienfaits dont celui-ci l'accabla pour lui faire oublier le meurtre de son père, ne purent-ils lui gagner jamais son affection et sa confiance Il se trouvait à Kief quand Uladimir expira, et sa première pensée fut de saisir la couronne; mais il avait pour concurrents tous ses frères au nombre de dix. Sept de ces derniers avaient des apanages, et Yaroslaf, l'aîné de ces apanagistes, avait depuis quelque temps manifesté l'intention de se rendre indépendant, du vivant même de son père. Uladimir, qui destinait la couronne à un autre de ses fils, Boris, prince de Rostof, avait donné à ce dernier le commandement des troupes, de sorte que trois prétendants principaux se disputèrent le trône vacant : Sviatopolk, qui, maître du trésor et de la capitale, comptait sur les partisans que son or lui donnerait; Yaroslaf, qui avait demandé le secours des Varègues de la Baltique et possédait Novgorod; Boris, qui se trouvait à la tête de l'armée.

CHAPITRE II

CONSOLIDATION DE LA MONARCHIE RUSSE.

Sviatopolk Ier, Yaroslaf, Isiaslaf, Usévolod, Sviatopolk II.

1014-1113.

Les trois prétendants avaient des droits à peu près égaux. Sviatopolk était le représentant du frère aîné d'Uladimir; Yaroslaf était l'aîné des fils du défunt, et Boris avait été désigné par son père. Mais à cette époque le meilleur droit, le plus utile du moins, c'était le droit de la force soutenu par la fortune; ainsi celui des trois qui réussirait devait être évidemment le souverain légitime. Si Boris avait eu de l'ambition, il l'aurait emporté sur ses deux concurrents, car il avait l'affection du peuple et des soldats; mais il reconnut volontairement les droits de son frère aîné Yaroslaf. Ses troupes le pressaient de marcher sur Kief; elles lui promettaient la victoire; il répondit à toutes les instances qui lui furent faites, qu'*il devait regarder son aîné comme un second père.* Cette réponse était dictée à Boris par un grand fonds de religion; mais les soldats n'y virent que de la lâcheté. Ils abandonnèrent Boris, et ils allèrent grossir les rangs de Sviatopolk.

Sviatopolk n'avait point perdu de temps. A peine Uladimir eut-il fermé les yeux qu'il se fit proclamer souverain par les habitants de Kief. Quand l'armée entière se fut donnée à lui, pour empêcher Boris d'élever à l'avenir des prétentions à l'empire, il arma contre lui des assassins. Quatre boyards ne dédaignèrent pas l'office de bourreaux. Deux frères de Boris furent pareillement égorgés, l'un à Mourom, l'autre au pied des monts Karpates. Il ne restait plus que Yaroslaf; les autres apanagistes étaient trop éloignés pour inspirer des craintes sérieuses.

Les Novgorodiens, maltraités par les Varègues que Yaroslaf avait appelés de la Scandinavie, s'étaient révoltés contre leurs oppresseurs, et en avaient massacré un grand nombre. Yaroslaf fit périr à son tour les auteurs de la révolte. Toutefois, dès qu'il eut appris la mort de son père, il n'hésita pas à s'adresser aux Novgorodiens, et il mit tant d'adresse dans sa justification, que quarante mille Russes de la ville et des cantons voisins accoururent sous ses drapeaux; il joignit à cette troupe mille Varègues, et il marcha contre le souverain de Kief. L'action s'engagea sur les bords du Dniéper; elle fut meurtrière : mais la victoire se déclara pour les Novgorodiens. Yaroslaf entra en triomphateur dans Kief, et Sviatopolk se réfugia auprès du roi de Pologne, Boleslas, dont il avait épousé une sœur.

On prétend que Yaroslaf n'avait obtenu le secours des Novgorodiens qu'en leur accordant des priviléges, une espèce de charte où les droits du prince et des sujets se trouvaient réglés. Yaroslaf ne jouit pas tranquillement de sa conquête; Boleslas, à la tête d'une armée de Polonais, ramena Sviatopolk, battit Yaroslaf et le força de prendre la fuite. Les Novgorodiens voulurent réparer les torts de la fortune : ils jurèrent de le ramener à Kief. Un événement qu'on ne pouvait guère prévoir rendit plus facile le succès de leurs armes. Boleslas semblait n'avoir vaincu que pour lui-même ; son beau-frère n'était qu'un simulacre de roi : le véritable maître, c'était lui-même. Pour faire cesser une aussi humiliante tutelle, Sviatopolk conçut le projet d'égorger tous les Polonais, et ce projet s'exécuta en grande partie. Boleslas n'échappa au massacre qu'avec beaucoup de peine; là commença cette haine invétérée qui a toujours divisé les deux nations, et que les derniers événements n'ont pas contribué à éteindre.

Sviatopolk appela les Petchénègues à son secours; mais ces auxiliaires ne purent empêcher sa défaite. Après un combat sanglant où périrent beaucoup de Kiéviens, Sviatopolk, entraîné par les fuyards loin du champ de bataille, alla chercher un asile en Bohême; mais il y fut poursuivi par la honte et le désespoir de sa défaite; il y expira de douleur. Yaroslaf rentra dans Kief, où il fut reconnu de nouveau. La révolte de son neveu Briatchislaf, fils d'un de ses frères, Isiaslaf, qui régnait à Polotsk, l'obligea de reprendre les armes. Briatchislaf vaincu demanda la paix et l'obtint. Un autre frère de Yaroslaf se présenta pour lors dans l'arène : c'était le brave Mstislaf, qui régnait sur la province éloignée de Tmoutoroka; il avait considérablement étendu ses domaines vers l'orient. Fier de ses victoires, il entreprit de conquérir la Russie (1023), et il envahit les provinces méridionales. A la suite de plusieurs combats sanglants, les deux princes eurent une entrevue à Gorodetz (1028), et ils transigèrent sur leurs prétentions respectives par le partage du territoire. Il fut convenu que le cours du Dniéper servirait de ligne de démarcation; que Mstislaf aurait tous les pays de la rive orientale, et que Yaroslaf conserverait l'occident.

Cette convention reçut son exécution immédiate par la mise en possession du vainqueur. Au bout de dix ans, celui-ci étant mort subitement au retour d'une partie de chasse, Yaroslaf se ressaisit sans obstacle de toutes les provinces cédées, et même du domaine particulier de Mstislaf, qui mourut sans postérité. Ainsi la Russie se trouva tout entière réunie sous le sceptre de Yaroslaf. Ce prince s'occupa ensuite de l'administration intérieure; il multiplia les écoles et les monastères, rendit l'Eglise russe indépendante de l'Eglise grecque, convoqua (1051) un concile à Kief pour la nomination d'un métropolitain, et dirigea le choix sur un simple prêtre russe du village de Berestof Il mourut trois ans après (1054), à Vougchegorod.

Il avait reçu de ses contemporains le surnom de Grand, et la postérité ne le lui a point retiré; il devait principalement cette distinction aux soins qu'il s'était donnés pour introduire la civilisation en Russie, et lui procurer des institutions qui pussent lui garantir la paix et la prospérité. Il fut auteur d'un code qui réprimait le meurtre, le vol, l'enlèvement des esclaves, les dommages causés aux propriétés, qui réglait l'état des personnes, les devoirs des gens à gages, la matière des dettes, celle des successions et des testaments, la procédure civile et criminelle, les tutelles, etc. Une addition à ce code renferme l'institution d'un jury chargé d'examiner le fond de la cause et de l'apprécier en fait. Quant au règlement ecclésiastique qui attribue aux évêques la connaissance de tous les faits réputés *péchés*, il a été faussement attribué à Yaroslaf, et il paraît avéré qu'il ne remonte pas au delà du XIVe siècle.

Isiaslaf Yaroslavitch succéda sans opposition à son père. Ses trois frères eurent des apanages considérables; car, suivant Karamsin, l'empire se trouva divisé en quatre portions à peu près égales. Outre ces quatre grandes divisions, deux autres princes de la famille royale eurent de vastes domaines; et, quoique Isiaslaf régnât à Novgorod et à Kief, il n'avait ni plus de pouvoir ni plus de crédit que ses frères. La concorde et l'union entre eux se maintint pendant dix ans. Quelques guerres étrangères furent promptement terminées. Ce ne fut qu'en 1064 que les prétentions d'un petit-fils de Yaroslaf firent éclater la guerre intestine. Un autre prince, Useslaf, se disant représentant de tous les droits de la branche aînée par son aïeul Sviatopolk, leva aussi des troupes et envahit les provinces du nord ; mais il fut traîtreusement attiré à une conférence, où il se rendit sans méfiance, et y fut arrêté avec tous ses enfants ; peu de temps après, la révolte ayant éclaté à Kief, Isiaslaf fut contraint de s'enfuir pour éviter la mort, et son compétiteur Useslaf fut tiré de prison pour monter sur le trône.

Le roi de Pologne Boleslas II ramena le prince fugitif, dans l'intention de reconquérir pour lui la couronne de Russie ; Useslaf s'enfuit lâchement. Les Kiéviens, qui ne voulaient plus ni d'Useslaf ni d'Isiaslaf, offrirent le sceptre aux deux frères survivants de ce dernier. Ils le refusèrent. Isiaslaf rentra dans Kief, et sa présence fut signalée par des supplices. Boleslas exigea le prix de ses services, et ce prix, les Kiéviens le payèrent. Quand il se retira, il s'empara de plusieurs places limitrophes.

Après la retraite des Polonais, Useslaf voulut tenter encore la fortune ; il recouvra son ancien domaine. D'un autre côté, les deux frères d'Isiaslaf, Sviatoslaf et Usévolod, se liguèrent contre lui, et Isiaslaf prit une seconde fois la fuite, laissant à sa capitale le soin de se défendre elle-même. Il alla réclamer l'appui de l'empereur d'Allemagne Henri IV ; celui-ci envoya des ambassadeurs à Sviatoslaf pour le sommer de rendre la couronne à son frère. Sviatoslaf les reçut, les combla de présents, leur en remit de considérables pour l'empereur, et détourna ainsi adroitement l'orage (1075). Mais ce prince mourut l'année suivante à la suite d'une opération chirurgicale ; Isiaslaf reprit sans délai la route de la Russie avec un corps polonais, et son frère Usévolod, au lieu de l'arrêter dans sa marche, traita de gré à gré avec lui : les deux frères consentirent à un partage de la Russie. Isiaslaf fut rétabli sur le trône de Kief, et conserva le titre de grand prince ; mais Usévolod, par l'acquisition de Tchernigof et de Smolensk, devint plus puissant que lui.

Des révoltes particulières de quelques princes apanagistes ou de leurs descendants ne permirent pas aux deux souverains de jouir tranquillement des Etats qu'ils s'étaient partagés. Il fallut guerroyer; dans une action qui eut lieu presque sous les murs de Kief, Isiaslaf fut tué d'un coup de lance par un cavalier ennemi qui le reconnut (1078). Le moine Nestor assure que les Kiéviens lui firent de magnifiques funérailles, et que tous, jeunes et vieux, riches ou pauvres, versèrent d'abondantes larmes. Toutefois, les contemporains reprochèrent à Isiaslaf d'avoir soumis l'Eglise russe à l'Eglise grecque, contre la volonté bien formelle de Yaroslaf, et d'avoir établi la suprématie du patriarche de Constantinople. Cette suprématie se maintint jusqu'à la chute définitive de l'empire d'Orient.

Il y avait encore à cette époque des peuplades idolâtres. Quelques moines de Petcherski (c'était le couvent où résidait Nestor) reçurent le martyre en prêchant la foi. Ce ne fut que longtemps après que l'idolâtrie disparut entièrement du sol de la Russie.

Isiaslaf avait plusieurs fils; mais ce fut son frère Usévolod qui lui succéda. Karamsin prétend à ce sujet que, d'après les mœurs de ce temps et le respect que l'on avait pour les liens du sang, l'oncle, dans toutes les circonstances, avait le droit de priorité sur ses neveux. Il est possible que telle fût l'opinion sur ce point au XIe siècle, mais il ne fallait pas dire le *droit de priorité;* car une opinion erronée, lorsqu'elle est générale, peut bien autoriser un fait; mais elle ne peut pas donner à ce fait la force d'un droit : le droit suppose légitimité, justice. Usévolod était un prince faible et sans talent. La révolte, la guerre civile ou étrangère, la famine, les maladies désolèrent son royaume. De là naquirent des abus de tout genre qui en consommèrent la ruine. « Les puissants accablèrent les faibles, dit encore Karamsin; la Russie était en proie au pillage des gouverneurs, et aux exactions des fonctionnaires publics qui la ravageaient comme les Polotsis (de Polotsk). Usévolod ne faisait droit à aucune plainte. »

Ce prince, si peu digne de l'affection du peuple qu'il gouvernait, mourut en 1093, et, s'il faut en croire

Karamsin, il emporta les regrets de ce peuple, qu'il laissait en proie à tous les maux.

Michel Sviatopolk II Isiaslavitch monta sur le trône après la mort de son oncle, quoique celui-ci eût un fils; mais Nestor lui fait dire que, s'il cédait la couronne à son cousin, c'était parce que son oncle Isiaslaf était plus âgé que son père Usévolod, qu'Isiaslaf avait régné le premier à Kief, et qu'il voulait éviter les horreurs de la guerre civile. Il est probable qu'à ces motifs, que suppose Nestor, Uladimir en ajoutait d'autres non moins puissants; en effet, entourés comme ils l'étaient d'apanagistes jaloux qui tenaient l'œil ouvert sur eux pour profiter de leurs fautes, ils eussent été facilement dépossédés l'un et l'autre s'ils s'étaient divisés. Il aima mieux sans doute attendre les événements, qui ne pouvaient manquer d'amener quelque chance favorable, que de les précipiter vers une catastrophe qui, dans la situation actuelle, semblait inévitable.

Sviatopolk se rendit en toute hâte à Kief, mais ce fut pour recevoir un vain titre, car la puissance résidait réellement dans les mains d'Uladimir. Attaqué par les Polotsis, il ne put rassembler que huit cents hommes de troupes; il fallut recourir à Uladimir. Celui-ci accourut avec une armée, et les Polotsis furent repoussés. Depuis ce moment, Uladimir, qu'on désigna aussi par le nom de Monomaque, prit sur Sviatopolk un ascendant qui ne cessa qu'à sa mort, arrivée en 1113.

Ce prince se montra toujours si faible durant son règne de vingt ans, où il fut subjugué par Uladimir et où les apanagistes profitèrent des circonstances pour accroître leurs domaines, que la ville de Novgorod s'attribua la plus complète indépendance, et que le clergé augmenta son pouvoir d'une manière sensible. Il aurait fallu une main ferme pour maintenir l'autorité royale au point où Yaroslaf le Grand l'avait fait monter, et Sviatopolk II, au lieu de l'augmenter, l'avait laissée déchoir. Uladimir avait donné jusque-là des preuves d'adresse; on ne savait s'il en donnerait de courage et de fermeté; mais il avait si bien disposé les esprits des habitants de Kief, qu'après la mort de son cousin, ils lui envoyèrent des ambassadeurs pour l'inviter à venir recevoir la couronne. L'adroit Uladimir la refusa d'abord; mais les Kiéviens, dit Karamsin, ne voulurent entendre parler d'aucun autre prince. Pour mieux assurer son triomphe, les partisans d'Uladimir suscitèrent quelques hommes du peuple, qui pillèrent quelques maisons, ce qui obligea les Kiéviens à faire partir d'autres députés pour le conjurer de se rendre au milieu d'eux. « Sa seule présence, ajoute l'historien, apaisa incontinent la sédition, et le peuple fit éclater sa joie par d'unanimes transports, quand il vit sur le trône de Russie le prince le plus magnanime. »

CHAPITRE III

CONTINUATION DE L'HISTOIRE DE RUSSIE JUSQU'A L'INVASION DES TARTARES.

1113-1224.

Uladimir signala son avénement par un acte qui le rendit agréable au peuple et au clergé. Il transféra solennellement les reliques de saint Boris et de saint Gleb à une église nouvelle, construite en pierre de taille. Ces deux saints personnages, que Sviatopolk Ier avait fait périr, étaient considérés comme les protecteurs de la Russie, la terreur des ennemis et la force des armées. Cette translation s'opéra avec la plus grande magnificence. Uladimir fit distribuer à la foule une grande quantité d'étoffes, de vêtements, de fourrures, et de pièces d'argent. Les fêtes durèrent trois jours, durant lesquels les pauvres et les étrangers furent entretenus aux frais du trésor.

D'un autre côté, comme la sédition de Kief avait eu pour prétexte l'usure que les Juifs exerçaient, Uladimir mit cette circonstance à profit pour promulguer un décret portant que tout créancier qui aurait reçu trois fois du même débiteur les intérêts qu'on appelait *le tiers de l'année*, perdrait le capital de sa créance. Ce décret faisait plus que d'annuler le titre du créancier ; il anéantissait le droit exorbitant que la loi donnait au créancier de réduire en esclavage son débiteur insolvable. Le nombre des débiteurs était grand ; tous ceux qui profitèrent des dispositions du décret s'attachèrent nécessairement à la cause d'Uladimir; car un changement de souverain aurait pu faire revivre les droits des créanciers.

Ce n'était point assez pour Uladimir d'avoir obtenu la dignité de grand-prince, il fallait encore lui rendre son éclat et sa prééminence réelle. Tous les efforts d'Uladimir se dirigèrent vers ce but, et il fut puissamment secondé par ses fils. Non-seulement ils triomphèrent par les armes de l'esprit de révolte, mais encore ils soumirent ou refoulèrent au delà des frontières une infinité de peuplades, et ils enlevèrent aux Grecs plusieurs villes situées sur les bords du Danube.

Enorgueilli de ses succès militaires, Uladimir entreprit, dit-on, de se faire attribuer par l'empereur les ornements royaux. Ses prédécesseurs les avaient souvent demandés et n'avaient jamais pu les obtenir ; et, bien que certains écrivains prétendent qu'Uladimir reçut d'Alexis Comnène la couronne, le sceptre, le globe impérial et les autres ornements qui ont servi depuis au couronnement des souverains russes, le fait est plus que douteux ; il est même présumable qu'il n'a été mis en avant que pour imprimer au titre des empereurs russes le sceau révéré de l'antiquité. Au fond, Uladimir avait assez de puissance pour se donner le titre qui lui convenait le mieux, sans avoir besoin du consentement de l'empereur de Constantinople, dont l'autorité allait déclinant de plus en plus.

Pour avoir une idée exacte de l'ascendant qu'il avait fait reprendre à la dignité de grand-prince de Kief et du pouvoir qu'il exerçait sur la Russie, il faut l'entendre lui-même dans une sorte de testament politique en forme d'instruction qu'il adresse à ses enfants. Quand il arrive à ses expéditions militaires, et après qu'il en a eu fait l'énumération, il s'exprime ainsi : « J'ai fait quatre-vingt-trois campagnes, sans compter les petites expéditions, et dix-neuf traités avec les Polotsis. J'ai pris au moins cent de leurs princes les plus renommés, je leur ai ensuite rendu la liberté; j'en ai fait jeter et noyer dans les rivières plus de deux cents. » Le prince qui avait immolé tant de victimes aux intérêts de son trône avait certainement une grande puissance. Il mourut à Kief vers la mi-mai de l'an 1126, dans la treizième année de son règne.

Ce prince, dont le nom est à peu près ignoré, même en Europe, fut très-certainement l'un des plus politiques de son temps. Peut-être même, si l'on considère le peu d'années qu'il passa sur le trône, les difficultés de tout genre qu'il eut à vaincre, et toutes les améliorations qui lui sont dues, faudra-t-il dire que jamais la Russie n'eut de souverain plus habile, et que c'est à dater de son règne que cette contrée commença d'entrer dans les voies de la civilisation. Uladimir ne favorisa pas seulement les progrès de l'instruction, mais encore il encouragea les beaux-arts, il dota la capitale et plusieurs autres villes d'établissements importants, il construisit un pont sur le Dniéper, bâtit une ville qu'il entoura de murailles et fonda des églises; mais il n'améliora pas la condition des paysans, qui déjà n'étaient considérés que comme un troupeau d'esclaves; seulement le clergé vit augmenter son crédit.

A la mort d'Uladimir Monomaque, l'empire parut divisé en un grand nombre de principautés. Tant que le souverain avait vécu, il exerçait sur tous une telle puissance, que tous les apanagistes, humblement soumis à ses volontés, n'étaient regardés que comme ses agents; mais lorsqu'ils ne furent plus contenus par la crainte de ses armes, ils manifestèrent tous le désir de l'indépendance. Monomaque laissait cinq enfants vivants et trois petits-fils, et tous avaient des principautés considérables. Mstislaf, l'aîné, hérita de la dignité de grand-prince de Kief. Après Mstislaf venait Yaropolk à Péréaslavle, Viatcheslaf à Tourof, André à Uladimir, George à Souzdal. Les trois fils de Mstislaf eurent aussi des apanages : Usévolod possédait Novgorod, Isiaslaf Koursk, et Rostislaf Smolensk. D'autres princes appartenant à la famille royale, issus de branches collatérales, jouissaient aussi de vastes domaines.

Mstislaf était depuis peu de temps sur le trône (1124) quand les troubles commencèrent. Les Polotsis entrèrent les premiers en campagne ; mais ils furent complétement battus. Cette guerre était à peine terminée qu'une autre surgit, mais elle n'intéressa qu'indirectement le grand-prince. La querelle éclata entre les princes de Tchernigof, descendant de Sviatoslaf; elle se termina, après bien du sang répandu, par l'influence des prélats, qui firent, dit-on, consentir malgré lui le grand-prince au changement de dynastie qui s'était opéré à Tchernigof; il avait solennellement promis au prince dépossédé de le prendre sous sa protection spéciale. Cependant Mstislaf ne laissa pas d'augmenter ses domaines et son autorité. Il existait à cette époque (1129) des princes qui descendaient d'un fils aîné d'Uladimir Ier, et ces princes alléguaient des droits à la couronne de Kief : Mstislaf parvint à les subjuguer et à les bannir de la cour de Russie, eux et leurs familles. Les domaines qu'ils laissaient vacants accrurent celui de la couronne. Mstislaf mourut peu de temps après (1132), à son retour d'une expédition en Lithuanie.

Il y eut sous ce règne une grande famine qui dépeupla les provinces du nord et sévit surtout à Novgorod. Une donation de terres faite par Mstislaf à un couvent de cette ville nommé Yourief est, dit Karamsin, le plus ancien des écrits sortis de la main des princes de Kief. Mstislaf était dans sa cinquante-sixième année quand il fut surpris par la mort.

Les habitants de Kief s'étaient en quelque sorte arrogé le droit de faire élire le souverain. Le choix tomba sur le frère, non sur le fils du défunt ; Yaropolk II fut solennellement proclamé, avant même qu'il se fût rendu dans la capitale. Au fond, ce choix était conforme au vœu que Monomaque avait exprimé dans son testament : seulement le nouveau souverain céda sa principauté au fils aîné de Mstislaf, Usévolod; mais celui-ci ne se fut pas plutôt mis en possession de Péréaslavle qu'il en fut expulsé par ses deux oncles, George et André. Il paraît au surplus que le motif de cette expulsion était personnel à Usévolod, puisqu'ils abandonnèrent la principauté à un frère d'Usévolod. Ce qu'il y eut de plus fâcheux pour ce dernier, ce fut qu'après avoir subi de la part des Novgorodiens la honte d'un refus lorsqu'il voulut revenir parmi eux, il ne rentra dans leur ville qu'aux conditions qu'il leur plut de lui imposer.

Les habitants de Novgorod étaient très-enclins à la révolte, moyen pour eux d'arriver à l'indépendance; ils forcèrent leur prince à entreprendre plusieurs guerres, dont la dernière eut pour eux une issue fâcheuse, puisqu'ils furent extrêmement maltraités par les Kiéviens. Ils s'en prirent de l'échec qu'ils avaient subi à leur prince Usévolod, qu'ils accusèrent d'avoir quitté le premier le champ de bataille. Ils le jugèrent, l'emprisonnèrent, le déposèrent et le bannirent de leur ville après avoir appelé au milieu d'eux un prince de Tchernigof. Le prince banni se retira d'abord auprès de son oncle le grand-prince de Kief, qui lui donna un apanage; mais, comme il avait conservé des partisans à Novgorod, ceux-ci l'engagèrent à revenir. Usévolod céda volontiers à ces instances. Toutefois il ne réussit pas à rentrer dans Novgorod; mais les habitants de Pskoff l'accueillirent; et cette ville, qui jusque-là avait été considérée comme une annexe de la première, s'en sépara tout à fait.

Yaropolk restait à peu près étranger à tous ces débats, car il n'avait rien moins que l'humeur guerrière. Toutefois il fut contraint d'entrer en campagne par les hostilités des princes de Péréaslavle, soutenus par ceux de Tchernigof. Yaroslaf, après une bataille où il ne donna pas des preuves de courage, acheta la paix par des cessions de territoire. Mais on ne tarda pas à s'apercevoir que ces princes de Tchernigof, en possédant une partie de Péréaslavle et de Novgorod, menaçaient de très-près la capitale de l'empire. Le grand prince forma une ligue avec le prince de Pskoff, ceux de Souzdal et de Smolensk, et l'ancien prince de Polotsk. Cette ligue donna naissance à des hostilités qui se prolongèrent pendant beaucoup d'années, et ne se terminèrent définitivement que dans le siècle suivant. La guerre aurait été promptement terminée si Yaropolk avait eu la valeur de son frère Mstislaf, mais il était d'humeur pacifique : il accorda la paix aux Olgovitchs (fils ou descendants d'Oleg ou Tchernigoviens).

Yaropolk ne survécut au traité qui fut fait que de quelques mois; sa mort est du 28 février 1139. Les historiens de la Russie lui accordent des vertus et lui reprochent beaucoup de faiblesse.

L'aîné des frères du défunt partit de Kief pour lui succéder. C'était Viatcheslaf, que les princes George et André avaient placé à Péréaslavle. Mais il ne jouit pas longtemps de la couronne; le prince de Tchernigof, Usévolod, vint la lui disputer; et le faible Viatcheslaf n'osa pas la défendre. « Usévolod monta, dit Karamsin, sur le trône des grands-princes; il donna aux boyards et au métropolitain un repas splendide; il prodigua au peuple le vin, l'hydromel, les fruits, les mets de toute espèce; les églises et les couvents furent gratifiés de larges aumônes. » L'intronisation d'Usévolod II fit rentrer la couronne au pouvoir des princes de la branche aînée, issue de Yaroslaf. Quant à Viatcheslaf, il ne songea pas à reprendre possession de sa principauté de Péréaslavle; il se retira à Tourof. André se maintenait dans la première de ces villes; celle de Novgorod, toujours armée contre ses princes, les expulsant, les rappelant, tantôt libre, tantôt soumise, saisissant l'occasion de reprendre son indépendance, était parvenue, après bien des vicissitudes, à ramener la paix et la prospérité dans ses murs; c'était son commerce qui lui fournissait d'inépuisables ressources; il était tout entier dans les mains de ses habitants; ses navires nombreux allaient chercher au loin des produits étrangers, et elle se trouva bientôt en état d'opposer une flotte à la flotte suédoise. Ses vaisseaux avaient même remporté (1142) une victoire navale sur ceux de la Suède.

Usévolod n'était pas plus guerrier que son prédécesseur, mais il était plus adroit et plus politique. Il vint à bout, par des traités, des alliances, des mariages, de rallier à lui presque toutes les branches de la famille royale. Sentant ensuite sa santé fort dérangée, ou peut-être sa mort prochaine, il convoqua une assemblée de princes et de seigneurs, désigna pour lui succéder Igor, l'aîné de ses frères, et fit prêter à tous les assistants le serment ordinaire de fidélité. Vers la fin de sa carrière, Usévolod avait envoyé une armée en Pologne pour rétablir l'autorité de son gendre Uladislas. Il assemblait une seconde armée pour agir contre le prince de Galitch, Uladimirko, qui d'allié était devenu ennemi, lorsque la mort, le surprenant inopinément, fit évanouir ses desseins (1146).

Igor ne fut pas plutôt sur le trône que le peuple de Kief se révolta contre lui. Il venait d'exiger un second serment de fidélité, et à peine l'eut-il reçu que les mécontents, dirigés en secret par les partisans du fils de Mstislaf, se réunirent de nouveau, et, sous prétexte de demander justice de quelques abus qui avaient eu lieu sous le règne précédent, manifestèrent contre Igor II les sentiments les plus hostiles. Isiaslaf Mstilavitch se disposa à soutenir le mouvement qui s'opérait dans Kief; il marcha vers cette ville avec les troupes de sa garde, reçut de nombreux renforts sur la route, et, secondé par ses amis de Kief, il s'empara de la personne d'Igor, qui au bout de six semaines passa du trône dans un cloître, où il fut chargé de chaînes.

Il est presque impossible de suivre ici l'histoire de tous les princes qui élevaient en même temps des prétentions rivales au trône de Kief; il faudrait entrer dans de longs détails qui seraient tout à fait dénués d'intérêt. Quel intérêt en effet peuvent inspirer des princes obscurs, dont on ne sait pas autre chose sinon qu'ils se disaient appelés, l'un parce qu'il était frère, l'autre parce qu'il était fils, oncle, neveu du prince défunt, ou de quelqu'un de ses prédécesseurs? Il n'y avait alors en Russie aucune règle fixe pour la succession au trône; presque jamais le fils ne succédait à son père, presque jamais la volonté du dernier prince n'était exécutée; le trône de Kief appartenait au plus fort; encore le titre de prince n'était-il plus qu'un titre illusoire qui ne conférait aucune autorité réelle. A la mort d'Usévolod II (1146), il y avait cinq ou six prétendants à l'empire: Viatcheslaf, l'aîné des fils encore vivants d'Uladimir Monomaque, et par conséquent frère de Mstislaf le Grand et de Yaropolk II; Youri ou George, frère du précédent, et déjà prince souverain de Souzdal; Isiaslaf, second fils de Mstislaf le Grand, à qui son père avait donné en apanage les domaines des princes de Polotsk, qu'il ne put conserver; Igor II Olgovitch, frère cadet d'Usévolod II; Rostislaf, frère d'Isiaslaf, fils de Mstislaf; enfin Isiaslaf, de la branche de Sviatoslaf. Tous ces princes, dont les droits étaient à peu près égaux, occupèrent le trône, en furent expulsés, y furent rappelés à plusieurs reprises. Pendant les dix années qui suivirent la mort d'Usévolod, ce fut un bouleversement continuel qui ne laissa rien de stable en Russie. Les Polotsis, les Turcs, les Polonais, les Hongrois, successivement appelés par les uns ou par les autres, vinrent ajouter aux troubles intérieurs les fléaux de l'invasion: jamais la Russie ne fut plus près d'une ruine totale.

Le premier qui se mit sur les rangs pour disputer la couronne à Isiaslaf, ce fut Viatcheslaf son oncle: mais celui-ci, homme sans génie, sans courage et sans vigueur, ne pouvait l'emporter sur Isiaslaf, brave, actif et habile. Non-seulement il ne put réussir à s'emparer de Kief, mais encore on le dépouilla lui-même de ses propres domaines. Sviatoslaf vint ensuite; il était frère d'Igor II; comme il ne se sentait pas assez fort pour triompher d'Isiaslaf, il engagea George dans sa querelle. Isiaslaf, de son côté, ne perdit point de temps; il réunit des troupes, et il suscita la révolte dans les Etats de George. Ce dernier, obligé de battre en retraite, laissa Sviatoslaf sans défense; Sviatoslaf fut pourtant assez heureux pour échapper à ceux qui le poursuivaient. Quant à Igor, il fut relégué dans un cloître où il reçut la tonsure, tandis qu'on mettait à prix la tête de Sviatoslaf, qui chercha et trouva un asile auprès de George.

C'est la première fois qu'on trouve dans l'histoire le nom de Moscou. Il est dit que ce fut dans cette ville que George le reçut; mais cette ville n'était encore qu'une bourgade dont l'origine était inconnue. On croit savoir aujourd'hui qu'elle fut fondée par George Dolgorouki (Longue Main), prince de Souzdal et fils d'Uladimir Monomaque. Ce lieu, qui porta longtemps le nom de Koutchkova, appartenait à un seigneur nommé Koutchko, qui l'avait fait construire sur le bord de la Moskva. George, dit-on, s'y étant transporté, fut mal reçu par le seigneur, qui s'oublia au point de lui adresser des paroles insolentes: George irrité le fit mourir, et s'empara de ses biens.

Protégé par George, Sviatoslaf trouva des soldats et des alliés; mais comme, dans ces temps de barbarie, la perfidie était le plus utile auxiliaire des princes, il tendit à Isiaslaf un piége si adroit, que ce dernier y aurait été pris s'il n'avait été prévenu à temps par un noble kiévien qui se trouvait à Tchernigof. Isiaslaf averti fit échouer le complot; mais le peuple de Kief, égaré par les partisans forcenés du grand-prince, se porta furieux au monastère où Igor était renfermé, et le massacra impitoyablement, sans que le généreux dévouement d'Uladimir, frère du souverain, pour sauver la victime, pût détourner la rage insensée des assassins. Isiaslaf montra la plus vive affliction lorsqu'il apprit l'affreuse catastrophe; et on l'entendit s'écrier en versant des pleurs: « Je passerai pour le meurtrier « d'Igor, et Dieu m'est témoin que je n'ai pris aucune « part au crime. » Cette affliction fut-elle sincère? On peut le supposer, quand on sait que le prince Uladimir courut risque de la vie en voulant arrêter la populace furieuse.

Cependant la guerre continuait; les succès et les revers se balancèrent entre Sviatoslaf et les généraux du grand-prince. Les secours que George accordait au premier étaient trop peu considérables pour le mettre en état d'obtenir des avantages décisifs; George voulait que les deux rivaux s'épuisassent par d'impuissants efforts, et il tenait en réserve ses meilleures troupes pour agir dans l'occasion d'une manière conforme à ses intérêts ; depuis longtemps c'était au trône de Kief qu'il aspirait pour lui-même. Isiaslaf ne laissa prendre sur lui aucun avantage. Il forma contre George une ligue formidable, dans laquelle on vit entrer Rostislaf, fils de George. Il est vrai qu'on prétend que Rostislaf, d'accord avec son père, devait faire soulever les Kiéviens, et profiter ensuite des troubles pour se saisir de la personne du souverain. Ce projet fut encore découvert ou du moins soupçonné par Isiaslaf, puisqu'il fit arrêter Rostislaf, et qu'il le renvoya moitié nu à son père sur une petite barque.

George, soit qu'il désirât la paix, soit qu'il craignît les chances d'une bataille, soit qu'il ne cherchât qu'à tromper Isiaslaf en détournant son attention, se hâta d'envoyer au grand-prince des députés chargés d'offrir la paix. Isiaslaf repoussa des propositions qu'il crut insidieuses ; il voulut combattre. L'action fut meurtrière et décisive (1149) ; Isiaslaf donna des preuves d'un grand courage, mais la fortune se déclara contre lui : son armée fut mise en déroute, et il ne se tira de la mêlée qu'à force de bravoure ; il entra presque seul dans Kief, et les habitants lui paraissant très-peu disposés à soutenir un siége, il partit pour Uladimir avec sa famille. George Dolgorouki entra dès le lendemain dans la ville de Peréaslavle, et trois jours après dans celle de Kief.

Le règne de Youri ou George Ier ne fut pas de longue durée. Isiaslaf avait conservé dans Kief un parti puissant ; il reprit les armes. Les rois de Hongrie, de Bohême et de Pologne lui envoyèrent des troupes. Les deux derniers les amenèrent eux-mêmes. Au moment de combattre, des négociations s'entamèrent, et ces négociations produisirent la paix de Pérésopnitsa. Par cette paix, Isiaslaf renonçait au titre de grand-prince ; mais George, de son côté, fut contraint de renoncer au trône de Kief, qu'il cédait à son frère Viatcheslaf. Ce dernier n'eut pas le temps de s'y asseoir. George, menacé dans Kief par des bandes de révoltés, s'enfuit à Gorodetz. Viatcheslaf s'empara de la demeure royale, mais Isiaslaf s'avançait rapidement afin de profiter de l'insurrection; tout le peuple courut au-devant de lui en criant : « C'est toi qui es notre prince; nous ne voulons ni George ni son frère. » Viatcheslaf, qui d'abord avait déclaré qu'il se laisserait tuer dans le palais plutôt que d'en sortir, prit le parti, plus analogue à son caractère de faiblesse, de céder à l'invitation que lui fit son neveu de se rendre à Vougchégorod (1150).

George, en signant la paix de Pérésopnitsa, n'avait fait que céder à la nécessité ; mais, fortement soutenu par son fils Rostislaf et surtout par son second fils André, l'un des plus vaillants princes de son temps, et poussé par l'ambition qui n'avait fait que s'accroître en lui par ses revers mêmes, il recomposa une armée et marcha sur Kief. Isiaslaf fut vaincu sans combattre; ses troupes se dispersèrent dès qu'elles aperçurent l'armée ennemie. Isiaslaf alla se renfermer pour la seconde fois à Vladimir, sans perdre toutefois l'espérance de remonter sur le trône. Pour réussir plus facilement, il eut l'air de tout craindre; il envoya demander la paix; on lui répondit qu'on lui destinait *l'apanage qu'il avait donné à Igor*. Isiaslaf insista; mais ses envoyés, tout en affectant la plus grande modération, agissaient sur l'esprit des Kiéviens. Quand il jugea ses partisans assez bien disposés, Isiaslaf, qui avait demandé du secours au roi de Hongrie son beau-frère, prit la route de Kief, surprit en passant Bielgorod, où se trouvait Boris, l'un des fils de George, évita la rencontre du prince de Galitch, allié de son oncle, et continua sa marche avec tant de rapidité, que George eut à peine le temps de se jeter dans une barque et de fuir. Isiaslaf entra dans la capitale en triomphateur, donna des festins, des jeux militaires, distribua des récompenses.

Isiaslaf ne fut pas plutôt en possession du trône qu'il offrit à Viatcheslaf de le partager avec lui, comptant bien qu'il exercerait seul toute l'autorité ; ce qui en effet arriva. D'ailleurs son union avec son oncle lui donnait pour auxiliaires tous les partisans de ce dernier, et comme il s'attendait de la part de George à de nouvelles tentatives, il prévoyait que leur secours ne lui serait pas inutile. George en effet ne tarda pas à se montrer en campagne; des négociations eurent lieu, mais ce fut sans succès. Il fallut combattre; la victoire se déclara pour Isiaslaf. George fut obligé d'accepter la paix et de rentrer dans Gorodetz (1151). Bientôt même Isiaslaf, poursuivant ses avantages, s'empara de Péréaslavle, et détruisit Gorodetz.

Le prince de Galitch était toujours à craindre. Ennemi acharné d'Isiaslaf, il semblait être encore le seul obstacle à ce que le grand-prince pût jouir sans trouble de sa fortune. Isiaslaf porta la guerre dans ses Etats, qu'il ravagea. Peu de temps après, le prince de Galitch, Vladimirko, mourut subitement; il eut pour successeur son fils Yaroslaf. Celui-ci eut l'air de demander au grand-prince sa protection et son amitié; mais le grand-prince réclama plusieurs villes qu'Vladimirko lui avait enlevées. Yaroslaf refusa de les rendre. Isiaslaf en appela au sort des armes. La victoire fut vivement disputée; mais il fit un si grand nombre de prisonniers que, craignant qu'ils ne se révoltassent ou qu'ils ne gênassent sa marche, et les fit tous égorger; c'est là du moins ce qu'on dit (1154).

Privé de l'alliance des Galitchiens, de ses meilleures villes et de la plus grande partie de ses troupes, dispersées ou prisonnières, George ne perdait point courage. Il se disposait même à reprendre les hostilités, comptant sur un retour de fortune, lorsqu'il reçut la nouvelle de la mort d'Isiaslaf, et du choix que Viatcheslaf avait fait de Rostislaf, prince de Smolensk et de Novgorod et frère du défunt, pour le remplacer, Rostislaf avait promis d'honorer et de respecter Viatcheslaf *comme un second père* et d'être envers lui *respectueux et obéissant.* Cette condition imposée au nouveau souverain le plaçait sous la tutelle, non de Viatcheslaf lui-même, mais des favoris de ce prince imbécile; mais Viatcheslaf, déjà fort vieux, suivit de très-près Isiaslaf dans la tombe, et Rostislaf resta seul prince de Kief. Ce ne fut pas pour longtemps. A peine assis sur le trône, il entreprit la guerre contre George. Ses conseillers, tous les boyards, tous ses partisans, s'opposèrent en vain à sa volonté; contraints d'obéir, ils le servirent mal, et Rostislaf, abandonné ou trahi, fut heureux de pouvoir se retirer dans Smolensk.

Les Kiéviens se hâtèrent d'offrir la couronne à Isiaslaf de Tchernigof, allié de George; Isiaslaf l'accepta, et George, qui accourait pour le soutenir contre Rostislaf, apprenant la révolution qui s'était opérée, se disposa sans délai à le combattre. Le prince de Tchernigof était encore trop peu affermi pour pouvoir soutenir le choc de l'armée qui s'avançait contre lui. Il céda sans résistance; de son côté, Rostislaf renonça par traité à ses prétentions, et George entra pour la troisième fois dans Kief en souverain. Cependant il ne put obtenir le repos dont son âge avancé lui faisait un besoin. Le fils aîné d'Isiaslaf II, Mstislaf, s'empara d'Uladimir dans la Volhynie; Isiaslaf de Tchernigof prétendit ressaisir le sceptre que l'élection du peuple lui avait donné, et Rostislaf lui-même oublia qu'il avait renoncé en faveur de son oncle. Ces trois prétendants, étroitement unis pour renverser George, se préparaient activement à la guerre: la mort de George (1157) les délivra de l'ennemi commun, mais elle les rendit à leurs prétentions particulières. Ce fut, il est vrai, Isiaslaf qui eut la couronne de Kief, mais il dut l'acheter par de grandes concessions. Kief ne conserva guère que le vain nom de capitale; tous les autres princes se rendirent complétement indépendants, et le prince de Souzdal, André, fils de George, élevait une puissance rivale qui devait finir par être dominatrice.

Isiaslaf III ne fit que paraître sur le trône; un an à peine s'était écoulé qu'une révolution nouvelle l'en fit tomber. Les Kiéviens rappelèrent Rostislaf de Smolensk (1159). André, fils de George, continuait d'occuper Souzdal; il ajouta même Novgorod à ses domaines. Rostislaf n'osa pas entreprendre de l'en expulser, de peur d'augmenter le nombre de ses ennemis, et surtout de donner un allié puissant à Isiaslaf, qui cherchait à reprendre sa couronne perdue. On ne peut même assurer quel aurait été le résultat de la lutte qui s'engagea bientôt entre les deux rivaux, si, peu de jours après une sanglante bataille qu'ils se livrèrent, Isiaslaf n'était mort des suites d'une blessure.

André, mécontent de l'humeur inquiète des Novgorodiens, rappela de leur ville le lieutenant qu'il y avait mis; ce qui permit à Rostislaf de placer à Novgorod son fils Sviatoslaf. Il voulut même se rendre dans cette ville pour y affermir sa domination; mais il fut surpris en chemin par la maladie, qui ne lui permit pas même de rentrer à Kief. Il avait régné huit ans (1167). Rostislaf avait désigné pour son successeur son neveu Mstislaf, fils d'Isiaslaf II, et Mstislaf fut proclamé à Kief sans opposition; mais tandis qu'à la tête de ses guerriers il faisait la guerre aux Polotsis, dont les incursions fréquentes dévastaient la Russie, onze princes russes, probablement excités par André, se liguèrent contre le grand-prince sous divers prétextes. La ville de Kief fut assiégée, emportée à la suite de plusieurs assauts, complétement saccagée et pillée; après quoi on abattit ses maisons, ses palais, ses églises. Mstislaf se sauva en Volhynie avec son frère Yaroslaf, mais il dut abandonner aux ennemis sa famille, ses boyards et ses trésors (1169). Mstislaf fit quelques tentatives pour rentrer dans Kief; elles furent infructueuses, et sa mort, survenue très-peu de temps après, permit au nouveau souverain, André, fils de George, de suivre ses projets de centralisation. Il avait depuis longtemps renoncé au système des apanages; non seulement il avait évité de morceler la Russie, mais encore il avait forcé tous les princes à reconnaître sa suprématie, ceux de Tchernigof et de Galitch exceptés. La ville de Novgorod prétendait aussi conserver le droit de choisir ses princes particuliers et de se gouverner par ses lois. André résolut d'asservir Novgorod; il craignait que les idées de liberté que nourrissaient les habitants de cette ville n'eussent trop de retentissement dans la Russie: il bloqua, il serra de près les Novgorodiens; mais, après bien des efforts inutiles, il dut renoncer à tout espoir de conquête.

André tourna pour lors ses vues d'un autre côté; il tenta d'expulser de la Russie les fils de Rostislaf, et il ne réussit pas mieux dans ce dessein que dans celui d'assujettir Novgorod. Il ne survécut pas à ce double revers; il avait fait périr dans les supplices un de ses beaux-frères coupable d'assassinat. Les parents du condamné voulurent venger sa mort ; vingt conjurés pénétrèrent dans l'appartement du prince au milieu de la nuit, et lui ôtèrent la vie. Son corps, resté plusieurs jours sans sépulture, fut enseveli dans les caveaux de l'église de Notre-Dame d'Uladimir. Aucune poursuite ne fut dirigée contre les assassins. André, que les uns louent comme un prince accompli, que les autres accusent de débauche et de libertinage, fut peu regretté. La ville d'Uladimir seule garda le souvenir de son règne (1174).

Après la mort d'André, les habitants de Souzdal, de Péréaslavle et de Rostof se réunirent aux gens de guerre et dans une réunion qui eut lieu à Uladimir pour l'élection d'un souverain, on désigna, pour régner, deux neveux d'André; ceux-ci voulurent s'adjoindre leurs deux oncles, frères d'André, Michel et Usévolod. A peine ces nominations furent-elles faites, que la discorde se mit entre les quatre princes. Michel, l'aîné des frères, avait été reconnu comme chef de la famille, et il parvint par sa sagesse autant que par son courage à régner seul. Malheureusement il mourut après un an de règne, vivement regretté de ses sujets; les Uladimiriens lui donnèrent pour successeur son frère Usévolod (1176).

Après trois à quatre années de troubles, Usévolod III, resté en possession du trône, fit une invasion chez les Bulgares orientaux, mais cette guerre ne produisit pas de résultats. En 1183, les Lithuaniens vinrent ravager la province de Pskoff. Les Novgorodiens ne purent les repousser; mais Uladimir, prince de Péréaslavle, marcha contre eux et les vainquit. On dit que dans cette campagne les Polotsis ou Lithuaniens lancèrent des flèches d'un poids tel qu'il fallait des arcs que cinquante hommes avaient peine à tendre; on dit encore qu'ils lançaient des matières enflammées. D'autres expéditions furent tentées contre les Polotsis pendant l'espace de huit années consécutives.

Usévolod avait réuni sous sa domination la Russie entière; le siége du gouvernement avait été transféré à Uladimir; mais Sviatoslaf régnait à Kief, qui s'était un peu relevée de ses ruines, et Usévolod, par égard pour la vieillesse de Sviatoslaf, lui laissait une apparence de suprématie pour ce qui concernait les matières religieuses. Sviatoslaf laissa son trône, en mourant, à Rurik de Smolensk. Usévolod sanctionna la nomination de Rurik; les Olgovitchs, qui avaient perdu leur chef dans Sviatoslaf, virent diminuer leur influence; mais ils furent protégés en secret par Usévolod, qui ne voulait pas les anéantir afin de pouvoir les opposer au prince de Kief; Novgorod reçut pour prince un enfant, fils d'Usévolod; un autre de ses fils, âgé de dix ans, était souverain de Péréaslavle; mais ces villes étaient en réalité gouvernées par Usévolod.

D'un autre côté, Roman, fils de Mstislaf, neveu d'Usévolod, s'établit, avec l'aide des Polonais, dans la principauté de Galitch, et il fit revivre l'ancienne puissance dont ses prédécesseurs avaient joui. Roman porta la guerre dans la principauté de Kief avant que Rurik eût pu se mettre en défense; et il força Rurik et les Olgovitchs, ses alliés, à prendre la fuite. Mais après le départ de Roman, Rurik et les Olgovitchs revinrent avec les Polotsis pour auxiliaires. La ville de Kief fut reprise d'assaut et ruinée de fond en comble; elle ne s'est jamais complétement relevée de ce second désastre. Roman se vengea de Rurik, son beau-père, en l'attirant dans un piége et en le forçant à se faire moine. Il périt lui-même, à un assez court intervalle, dans une expédition qu'il tenta contre les Polonais; il marchait à l'avant-garde avec une très-faible escorte, et il tomba au milieu des ennemis. Les Galitchiens reconnurent pour prince l'aîné des fils de Roman, Daniel, enfant de quatre ans. Mais quelle résistance la veuve de Roman pouvait-elle opposer à tant de princes ambitieux qui l'entouraient pour se disputer l'héritage de son époux? Elle fut obligée de s'enfuir avec ses enfants dans ses bras, accompagnée d'un boyard et d'un prêtre; elle arriva heureusement en Pologne.

Cependant Usévolod III souleva contre lui les murmures de ses sujets, qu'il surchargeait d'impôts. Ce fut à Novgorod surtout que le mécontentement fut extrême.

Il fallut qu'Usévolod transigeât en quelque sorte avec les habitants. En général, Usévolod aima mieux toujours intriguer et négocier que guerroyer ; de sorte qu'il ne prit guère de part aux discussions qui agitèrent les diverses principautés russes que par l'organe de ses envoyés. Il mourut en 1212, après un règne de trente-six ans. Il avait désigné pour lui succéder son fils aîné, Constantin, à la charge par lui de remettre Rostof et cinq autres villes à son frère George; et comme Constantin avait refusé de sortir de Rostof, son père mourant l'avait déshérité. Dans une assemblée de seigneurs, convoquée aussitôt et tenue en sa présence, le jeune George reçut le serment de fidélité.

Les villes d'Uladimir et de Souzdal se soumirent aux dernières volontés de leur prince, et George fut reconnu; mais Constantin prétendit qu'en qualité de fils aîné il était seul prince légitime; de sorte que les deux frères se traitaient mutuellement d'usurpateurs. Usévolod avait encore laissé trois autres fils : Yaroslaf Féodor, prince de Péréaslavle; Sviatoslaf, prince de Yourief; et Dmitri, prince de Moscou. Les deux premiers embrassèrent la cause de George, le dernier celle de Constantin. Mstislaf, prince de Novgorod, se joignit aussi à ce dernier. Après des hostilités qui durèrent environ quatre ans sans amener aucun résultat décisif, les deux frères et leurs alliés en vinrent aux mains, décidés l'un et l'autre à s'en remettre au sort des armes. La bataille se livra dans la vaste plaine de Lipetsk. Elle fut sanglante; Mstislaf, qu'on surnomma *le Brave*, et qui dans cette journée se montra digne de ce titre, décida la victoire. George, complétement vaincu, renonça solennellement à la couronne, et se rendit avec sa famille à Gorodetz, sur le Volga (1216).

Constantin, quoique jeune encore, était valétudinaire; après avoir réconcilié son frere George avec Mstislaf le brave, il déclara George *héritier de la grande principauté*. Mstislaf de son côté se rendit à Novgorod pour annoncer aux habitants son intention de se séparer d'eux et d'abdiquer le pouvoir. Cela fait, et rentré dans la classe commune, il prit la route de Kief pour travailler à délivrer la Galitzie, qui, depuis plusieurs années, était en proie à l'usurpation. Constantin mourut à la fin de février 1219, et George II, son frère, remonta sans obstacle sur le trône qu'il avait déjà occupé.

Pendant que Novgorod élevait et expulsait tour à tour le successeur de Mstislaf et que les Bulgares tentaient d'envahir la Russie orientale, Mstislaf, poursuivant ses desseins, chassa les Hongrois de la Galitzie, et, pouvant s'emparer du trône, y fit asseoir Daniel, fils de Roman, auquel il donna sa fille pour épouse. Cependant les Hongrois et les Polonais n'avaient pas tardé à reconquérir la Galitzie; ils y étaient entrés avec des forces considérables; Daniel déploya dans cette occasion une valeur brillante, mais il n'avait ni l'habileté ni l'expérience de son beau-père. Celui-ci revint avec un corps de Polotsis. Les Galitziens allèrent en foule se ranger sous ses drapeaux, et Mstislaf, par une tactique savante plus encore que par le courage de ses soldats, détruisit en entier l'armée ennemie.

Mstislaf avait eu tout l'honneur de la campagne; il en ira aussi tout le profit. S'étant rendu maître de Galitch, il fut proclamé par les soldats *Soleil brillant de la patrie*, et lui-même, dit-on, prit le titre de tzar de Galitch. George II était de nouveau sur le trône de la grande-principauté, mais le tzar de Galitch l'éclipsait par sa renommée. Cependant le frère de George, Yaroslaf Féodor, qui, après avoir été expulsé de Novgorod, y avait été rappelé, acquit quelque gloire militaire en repoussant l'invasion étrangère; mais comme il ne pouvait vivre à Novgorod qu'en faisant à son humeur despotique une violence continuelle, il prit le parti de quitter volontairement cette ville (1222); les Novgorodiens reçurent alors pour leur prince le fils de George, Usévolod, âgé seulement de dix ans.

Ici va commencer pour la Russie une ère nouvelle. Depuis deux à trois cents ans, elle était tourmentée par la guerre étrangère et les dissensions intestines. Les Polotsis l'attaquaient à l'orient; les Hongrois, les Polonais, les Lithuaniens, les Suédois, les Danois, la pressaient à l'occident et au nord. Toutefois elle avait résisté aux discordes civiles, divisée, affaiblie, mais formant encore un grand corps de nation; elle avait rejeté hors de ses limites toutes les invasions; mais d'autres ennemis la menaçaient du fond de l'Asie, ils s'avançaient le fer et la flamme à la main, ils devaient l'anéantir ou la rendre esclave; elle survécut à leur terrible attaque, mais elle perdit sa liberté. Ces ennemis, c'étaient les Tartares.

CHAPITRE IV

INVASIONS DES TARTARES MOGOLS; CONTINUATION DE L'HISTOIRE DE RUSSIE JUSQU'A LA MORT D'ANDRÉ III.

1223 - 1304

Le fameux Témoutchi, plus connu sous le nom de Tchinguis-Kan ou Gengis-Kan, avait étendu sa domination sur les trois quarts de l'Asie; il voulut s'avancer vers l'occident, et, rencontrant les Alains et les Polotsis sur sa route, il les battit et les poursuivit jusqu'à la mer d'Azof et les frontières russes. Les fuyards, chassant devant eux leurs troupeaux et suivis de leurs familles, ne s'arrêtèrent qu'à Kief; ce fut par eux que les Russes apprirent l'existence des Tartares. « Ils ont pris notre pays, dirent les Polotsis aux habitants de Kief, demain ils viendront prendre le vôtre. » Mstislaf accourut à Kief dès la première nouvelle qui lui parvint de l'apparition des hordes asiatiques; il forma une grande coalition des princes russes, Mstislaf eut le commandement de l'armée. Dès qu'il fut arrivé sur le Dniéper, les Tartares, instruits de son approche, lui envoyèrent des députés pour lui proposer un traité de paix ou d'alliance; les députés furent égorgés. Ce procédé de barbares ne tarda pas à être puni. Quand toute l'armée russe fut réunie, elle se disposa à traverser le Dniéper. Mstislaf, rempli d'ardeur, de courage, et brûlant d'accroître encore sa renommée, traversa le fleuve avec ses Galitziens, et rencontrant un corps tartare, le mit dans une déroute complète.

Animés par ce premier succès, les Russes poussèrent en avant. Le 31 mai 1223, ils se trouvèrent en présence de l'ennemi. Mstislaf n'avait jamais été vaincu; comptant encore sur la victoire, mais craignant que d'autres n'en partageassent l'honneur avec lui, il donna le signal du combat. Il fut terrible; des milliers de cadavres couvrirent le champ de bataille de Kalets ou Marioupol; mais à la fin les Russes, rompus, cherchèrent leur salut dans la fuite. Les troupes de Kief occupaient encore un camp retranché; avant de poursuivre leur marche, les Tartares voulurent forcer ce camp; Mstislaf eut le temps de regagner Galitch. Le reste de l'armée russe, après avoir résisté pendant trois jours, accepta la capitulation qui lui fut offerte; mais à peine les Russes eurent-ils déposé leurs armes qu'ils furent tous massacrés : terribles représailles pour le meurtre des députés. Mstislaf de Kief et ses deux gendres furent étouffés entre des planches, et sur ces planches qui recouvraient leurs cadavres, les généraux mogols firent leur festin de victoire. Les Tartares, rappelés par Gengis-Kan, se retirèrent après avoir converti en un vaste désert toutes les provinces méridionales.

On pouvait relever l'esprit public, réparer le désastre de l'invasion, préparer des moyens efficaces de résistance: mais il aurait fallu de l'union, et les Tartares n'eurent pas plutôt repassé le Dniéper, que la discorde ralluma ses torches dans l'intérieur : Novgorod demanda, expulsa, reprit ses princes, des prisonniers finnois furent égorgés par les Novgorodiens, des prisonniers novgorodiens le furent aussi par les Finnois, des sorciers prétendus périrent dans les flammes, d'affreux orages éclatèrent sur la contrée, les récoltes périrent; le ciel semblait déchaîné contre la terre, Mstislaf de Galitch lui-même fait avec les Hongrois des traités onéreux ; il meurt presque sans gloire et dévoré de regrets. D'un autre côté, son gendre Daniel veut reprendre la Galizie sur les Hongrois ; plusieurs princes rivaux se disputent la possession de Novgorod, le trône de Galitch est plusieurs fois conquis et perdu ; plusieurs années s'écoulent au milieu de sanglants désordres.

Le souvenir de la bataille de Kalets semblait effacé, mais en 1229 les Tartares vinrent de nouveau apporter la désolation dans la Bulgarie, et huit ans plus tard dans la principauté russe de Rézan. Gengis-Kan était mort, mais son esprit lui survécut ; son fils Oktaï envoya trois cent mille hommes sur la mer Caspienne pour subjuguer toutes les provinces voisines. Des députés tartares se présentèrent successivement à Rézan et à Kief pour demander aux Russes la dîme de leurs biens, et les députés s'en retournèrent sans avoir rien obtenu. Les troupes tartares entrèrent sur-le-champ en Russie ; la ville de Rézan fut prise et réduite en cendres; Moscou eut le sort de Rézan.

Le faible George fit alors des préparatifs sérieux de défense. Il appela de toutes parts des auxiliaires, laissa ses deux fils dans sa capitale, et alla camper sur le bord de la Site. Uladimir ne tarda pas à être investie, et tandis qu'une division tartare emportait Souzdal, le gros de l'armée s'empara d'Uladimir, malgré les efforts des deux fils de George pour la défendre (7 février 1238); ces deux malheureuses villes furent saccagées et presque détruites. Quatorze villes de l'intérieur, Gorodetz, Péréaslavle, Yourief, Dmitrof, etc., un nombre infini de villages, furent livrés au pillage et aux flammes. L'armée de George, enveloppée de toutes parts, ne put résister à la masse des ennemis. Les fils de George avaient péri à Uladimir; George lui-même fut trouvé parmi les morts.

Après cette victoire, les Tartares se dirigèrent sur Novgorod, prirent en passant toutes les villes qui se trouvaient sur la route, massacrèrent les habitants, emmenèrent en esclavage ceux que le fer épargna. Les Tartares n'étaient plus qu'à trois journées de Novgorod, lorsque Bati, leur général, donna l'ordre de marcher sur Koselsk. Il craignit, dit Karamsin, de s'engager trop avant dans un pays couvert de forêts et de marécages, où ses troupes, forcées par le terrain à se diviser par petites bandes, pourraient être facilement détruites, où d'ailleurs il aurait eu à combattre contre la difficulté toujours croissante de nourrir son armée. La forteresse de Koselsk fut ruinée, mais ce ne fut qu'après une défense héroïque; ses braves habitants périrent tous jusqu'au dernier; Bati reprit alors la route du Don, et rentra dans le pays des Polotsis.

Yaroslaf Féodor, qui avait été successivement prince de Novgorod et de Kief, s'était mis en possession de la grande-principauté dès que les Tartares se furent retirés. Daniel, gendre de Mstislaf le Brave, avait repris la principauté de Galitch. Ces deux princes, chacun dans ses domaines, travaillèrent avec succès à réparer les maux de l'invasion. Alexandre Newski, à qui la fortune gardait une brillante carrière, régnait à Novgorod; il était fils d'Yaroslaf II, mais il était encore enfant. Quant aux Polotsis, qui jusque-là, toujours ennemis des Russes, avaient fait cause commune avec eux, ils ne purent pas mieux défendre leur liberté que les Russes eux-mêmes ne l'avaient fait. Bati acheva de les subjuguer. Kothian, beau-père de Mstislaf le Brave, ne voyant plus de moyens de résistance, se retira en Hongrie, suivi de quarante mille hommes; il prêta au roi serment de fidélité, et le roi lui donna des terres pour lui et pour sa troupe.

Cependant les Tartares s'emparèrent de quelques cantons qui dépendaient des domaines de Notre-Dame d'Uladimir; mais plus le danger était imminent, plus les princes ou pour mieux dire les boyards du midi y semblaient insensibles. Tant que l'invasion ne s'était dirigée que contre les provinces centrales et septentrionales de la Russie, les princes du midi, ne s'occupant que d'eux-mêmes, n'avaient rien fait pour secourir leurs frères, se flattant que le torrent n'arriverait pas jusqu'à eux; et quand les Tartares se firent voir de plus près, ils ne songèrent pas encore à la résistance, ou du moins aux moyens de rendre la résistance victorieuse. Au lieu de se rallier autour de leur prince, les boyards ne cherchaient qu'à s'en débarrasser pour être indépendants; le clergé ne fut pas même écouté dans cette circonstance, parce que le conseil qu'il donnait de défendre jusqu'à la dernière extrémité chaque ville, chaque fort, chaque poste militaire, on ne voulut l'attribuer qu'à l'égoïsme.

Une troisième invasion eut lieu, mais cette fois ce fut contre les provinces méridionales qu'elle se dirigea; Péréaslavle et Tchernigof furent détruites de fond en comble. Un autre corps d'armée sous les ordres de Mangou, petit-fils de Gengis-Kan, se porta sur Kief, qui commençait à se relever de ses ruines. Le Tartare en arrivant envoya des hérauts aux Kiéviens pour leur offrir une capitulation, et les Kiéviens, qui n'étaient ni moins féroces ni moins cruels que les Tartares, ne répondirent qu'en assassinant les hérauts. Mangou jura qu'il tirerait vengeance de cet attentat. Le prince Michel, qui régnait à Kief, s'enfuit en Hongrie et laissa son trône vacant. Ce trône était au bord de l'abîme; on le voyait s'y précipiter; cela ne put contenir toutes les ambitions; plusieurs princes se le disputaient, ce fut Daniel de Galitch, gendre de Mstislaf le Brave, qui l'emporta. C'était acheter le droit de s'ensevelir sous des débris, ou de racheter sa vie aux dépens de l'honneur.

Daniel, qui connaissait le nombre, le courage et la férocité des Mogols, ne se croyant pas assez fort pour leur résister seul, conçut le projet d'engager le roi de Hongrie dans la querelle. Il confia la défense de Kief au brave Dmitri ou Démétrius, et il courut réclamer les secours de la Hongrie. Pendant son absence, la ville fut cernée et assiégée. Dmitri se défendit avec la plus courageuse constance; les habitants le secondèrent de tous leurs efforts; mais tant de dévouement fut inutile. Kief fut emportée d'assaut; tous ses habitants, sans distinction d'âge ni de sexe, furent passés au fil de l'épée; la ville fut rasée, et pendant les deux siècles qui suivirent, elle n'offrit plus aux regards que des monceaux de cendres et de décombres. Comment cette ville aurait-elle pu résister, s'il est vrai, comme on le dit, que Bati avait cinq cent mille hommes, parmi lesquels on comptait un grand nombre de Russes choisis parmi les vaincus, qui pour se dédommager de leurs pertes trouvaient sinon juste, du moins commode de piller leurs propres compatriotes ?

Daniel n'avait point réussi. Le roi de Hongrie, Béla, après avoir longtemps hésité, repoussa ses instances, moins par défaut d'intérêt que par égoïsme; il ne croyait pas que les Tartares pussent jamais franchir la barrière des monts Karpates. Daniel retournait à la défense de son royaume, lorsqu'il apprit le désastre de Kief; il attendit dans un lieu ignoré que les Tartares se fussent retirés. Les autres princes qui avaient été contraints de chercher un asile en Hongrie revinrent aussi dans leurs propriétés, mais aucun n'éprouva autant de contrariétés que Daniel. Les boyards et les évêques, voulant établir à Galitch un gouvernement aristocratique, le repoussèrent, lui fermèrent même les portes de plusieurs villes. Ne pouvant réussir, et craignant le juste ressentiment de Daniel, ils appelèrent Rostislaf au trône; Daniel, par son courage et son activité, parvint à faire échouer le complot.

Novgorod n'avait souffert qu'indirectement de la dévastation générale; mais d'autres ennemis menaçaient sa liberté : les Suédois, les Lithuaniens et les chevaliers de Livonie. Le prince Alexandre remporta sur les Suédois, au bord de la Newa, une victoire signalée qui lui valut le surnom de Newski; ensuite il chassa de Pskoff les Allemands qui s'en étaient emparés, alla faire une incursion en Livonie, et ramena son armée chargée de lauriers et de butin. Peu de temps après, il marcha fièrement à la rencontre des Lithuaniens, qui avaient envahi le pays avec des forces considérables, les battit en sept rencontres, et les refoula au delà des frontières.

Quand Bati était arrivé sur le Volga, il avait pris le titre de kan, et forcé tous les princes russes à le reconnaître en cette qualité, et à rendre hommage au grand kan qui résidait sur les bords de l'Amour. Yaroslaf s'était soumis à cette humiliation, il s'était même rendu jusqu'à la résidence du grand kan. Celui-ci le confirma dans le titre et les fonctions de grand-prince, à la charge de vassalité. Yaroslaf mourut à son retour; on dit qu'il fut empoisonné par les Tartares, ce qui n'est guère présumable, puisque ce faible prince était incapable de leur résister, et qu'ils faisaient d'ailleurs un si terrible usage du glaive, qu'ils n'avaient nul besoin de recourir au poison.

Après que Bati-Kan eut reçu le serment de tous les princes russes, il envoya de toutes parts des agents pour faire le recensement de la population, afin de régler le montant de l'impôt par tète ou capitation. Michel, l'ancien prince de Novgorod, étant revenu sur ces entrefaites de la Hongrie, fut sommé de se rendre devant Bati-Kan. Il obéit et se mit en route avec le boyard Féodor. Quand il fut arrivé près de la tente du Tartare, des prêtres qui avaient allumé le feu sacré devant la tente exigèrent qu'il adorât leurs idoles, ce que Michel refusa de faire. Bati-Kan lui fit alors déclarer que, s'il n'adorait pas les idoles, il serait livré aux bourreaux. Michel tira de son sein une boîte dans laquelle se trouvait une hostie consacrée que son confesseur lui avait remise à son départ, et après l'avoir partagée avec son compagnon de voyage, il reçut courageusement le coup mortel. Féodor ne montra pas moins de fermeté; aussi Bati-Kan ne put retenir cette exclamation : Voilà des hommes !

Daniel, sommé plusieurs fois de se rendre auprès de Bati, et contraint enfin d'obéir, reçut le titre humiliant de serviteur et tributaire du kan. Bati lui montra toutefois quelques égards, et Daniel, de son côté, capta sa bienveillance par d'adroites flatteries : il songeait déjà aux moyens de secouer le joug, et il n'y pouvait parvenir qu'en trompant les soupçons du Tartare.

Sviatoslaf III avait succédé à son frère Yaroslaf II; mais il ne garda le trône d'Uladimir que deux ans. André, fils de Yaroslaf, et Alexandre Newski s'étant rendus auprès du grand kan, celui-ci leur partagea la Russie. Sviatoslaf eut beau réclamer, il dut céder son trône à son neveu André; mais André lui-même ne tarda pas à exciter contre lui les ressentiments des Tartares; il voulut se rendre indépendant, et les Tartares le détrônèrent; il dut se sauver en Suède. Ce fut Alexandre qui recueillit alors l'entier héritage de son père; il y joignit même Novgorod, qui le reconnut pour son prince.

Après la mort de Bati, Berki, son successeur, soumit les Russes à la capitation. Novgorod, malgré sa résistance, dut payer le tribut comme les autres villes. On prétend qu'au lieu de seconder les Novgorodiens, Alexandre aida les Tartares à les subjuguer, parce qu'il voulait se ménager l'appui de ce peuple étranger, tandis que Daniel cherchait tous les moyens de délivrer son pays. Celui-ci, en effet, prit plusieurs fois les armes; mais, après quelques tentatives inutiles, il fut obligé de subir la loi commune.

Alexandre mourut à Gorodetz en novembre 1263. Ses sujets le pleurèrent, et leurs regrets n'étaient point feints; car ils lui devaient le repos dont ils avaient joui pendant quinze à seize ans. Ses restes furent déposés dans l'église du monastère de Notre-Dame à Uladimir. Pierre Ier les fit transporter dans sa nouvelle capitale. Alexandre eut pour successeur son frère cadet, nommé Yaroslaf comme son père. Ce prince prit le nom d'Yaroslaf III. Soutenu par les Tartares, il se mit sans obstacle en possession du trône; mais les Novgorodiens exigèrent de lui le serment de respecter leurs priviléges. Yaroslaf le jura, mais il ne tarda pas à vouloir régner en despote sur cette ville toujours insoumise et rebelle; c'était là du moins le grand grief des Novgorodiens; ils le chassèrent de leur ville. Yaroslaf demanda des secours au grand kan; mais le prince tartare, qui n'était pas fâché de voir les Russes s'affaiblir de leurs propres mains, n'envoya point d'armée. Yaroslaf n'en réunit pas moins des troupes nombreuses. Les Novgorodiens effrayés demandèrent et obtinrent la paix par l'entremise de leur métropolitain.

Yaroslaf III mourut en 1272, à son retour de la horde du grand kan, où il était allé faire acte de vasselage. Daniel était mort six ans auparavant, et il avait partagé ses États entre ses trois enfants. Vassili, frère cadet de Yaroslaf, monta sur le trône immédiatement après la mort de ce dernier. On ignore s'il avait demandé l'autorisation du kan, ou si ce fut en vertu du droit de succession préexistant. Ce qui paraît certain, c'est qu'à cette époque le grand kan avait des baskaks ou lieutenants dans chaque province russe. Vassili n'eut qu'un règne de quatre ans; il venait à peine de forcer les Novgorodiens de le reconnaître pour prince, qu'étant allé à la horde de Mangou-Timour, il fut saisi de maladie. Il mourut sur la route quand il s'en retournait. Comme ses trois prédécesseurs avaient eu le même sort, on soupçonna que ces quatre princes furent empoisonnés par ordre du kan.

Ce fut pendant le règne de Vassili, en 1274, que le métropolitain Cyrille convoqua dans Uladimir un concile de tous les évêques du nord. On y régla plusieurs points de discipline; entre autres dispositions, on remarque la substitution du baptême par immersion au baptême par aspersion.

Un fils d'Alexandre Newski, nommé Démétrius ou Dmitri, fut placé sur le trône (1276) après la mort de son oncle Vassili. La nécessité de contenir les habitants de la Carélie avait engagé le nouveau souverain à bâtir une citadelle sur le territoire de Novgorod. Les Novgorodiens prétendirent qu'en vertu de leurs priviléges cette citadelle devait leur appartenir, le prince ne pouvant rien posséder de ce genre sur leur territoire. Démétrius quitta Novgorod; mais il partit bien déterminé à punir les Novgorodiens; et ceux-ci, aussi lâches quand ils se voyaient menacés qu'ils étaient arrogants, mutins et prompts à la révolte quand ils se croyaient les plus forts, abandonnèrent la citadelle et se soumirent aux conditions qui leur furent dictées. Alors ils intriguèrent; ils offrirent secrètement leur ville au frère de Démétrius, André Alexandrovitch. Celui-ci se rendit à la horde, et il revint avec un diplôme qui lui donnait la grande-principauté d'Uladimir. Il amenait une armée tartare et il apportait l'ordre à tous les princes russes de le reconnaître. Démétrius fut chassé de son trône;

mais, au lieu de perdre courage, il rassembla des troupes et il implora de son côté le secours du tartare Nogaï, qui s'était établi sur les bords de la mer Noire, et s'était soustrait à toute dépendance du grand kan. Protégé par ce chef tout-puissant, Démétrius remonta sur son trône d'Vladimir, et Novgorod subit de nouveau le joug.

André regretta le pouvoir; il s'adressa au même Nogaï, qui, ne voyant dans les différends des deux frères qu'une occasion pour les siens de faire un riche butin, se tourna du côté d'André contre Démétrius, qui fut de nouveau détrôné (1295) et ne survécut pas à son malheur; il mourut à Péréaslavle, qui formait son ancien apanage.

Démétrius ne fut pas le seul prince malheureux de ce temps de troubles et de calamités. Tous les princes russes, en guerre entre eux et maltraités par les Tartares, virent leurs provinces dévastées, tant par l'invasion étrangères que par l'effet des dissensions intérieures.

André resta possesseur du trône. Ce fut avec le consentement des Tartares; mais il lui fallut consentir à ce que les princes de Moscou et de Péréaslavle fussent reconnus princes indépendants. André, ne pouvant résister à la volonté du kan, s'avisa d'intriguer et d'obtenir par la soumission et la ruse ce qu'il n'avait pu obtenir de la manifestation de ses droits. Daniel son frère, prince brave et habile, avait élevé dans Moscou une puissance rivale à celle du grand-prince; il mourut presque subitement. André se trouvait alors à la horde, où il demandait le secours du grand kan pour triompher de tous ses ennemis, qu'il présentait comme ennemis des Tartares. André ne jouit pas de la faveur qu'il avait obtenue. Ce fut au moment où des envoyés tartares annonçaient la volonté de leur maître, qui ne voulait pas en Russie d'autre souverain qu'André, que celui-ci mourut, après quelques jours de maladie (27 juillet 1304).

CHAPITRE V

CONTINUATION DE LA DOMINATION DES TARTARES DEPUIS L'AVÉNEMENT DE MICHEL II JUSQU'A VASSILI II.

1304-1389.

Deux princes prétendirent à la succession d'André, Michel de Tver et Youri ou George de Moscou, fils de Daniel. Ce fut Michel qui l'emporta. Les villes d'Uladimir et de Novgorod se déclarèrent pour lui, d'autres villes prirent parti pour George; les deux princes se firent la guerre avec beaucoup d'acharnement; ils finirent par se rendre l'un et l'autre à la horde. Michel eut plus de bonheur ou d'adresse; il rapporta un ordre du kan qui le déclarait possesseur du trône. Cependant les habitants de Novgorod, toujours enclins à se soulever contre leurs souverains, ne tardèrent pas à se liguer contre le grand-prince, sur le motif qu'il violait leurs institutions. Michel leur déclara la guerre et les réduisit à l'extrémité; ils finirent par se soumettre.

Cependant Michel fut appelé à la horde par le nouveau kan, le fameux Usbeck; il y passa deux années. Pendant ce temps, Novgorod avait élu George de Moscou. Michel le dénonça au chef tartare. George dut se rendre à la horde, et c'était là ce qu'attendait Michel pour exécuter ses desseins. Novgorod investie ne put se soustraire à la nécessité de recevoir son vainqueur et de lui compter en argent une somme considérable. A peine le traité était-il signé entre Michel et les habitants, que ceux-ci, ne comptant plus sur la force, résolurent d'envoyer des députés à Usbeck pour le rendre juge de leurs prétentions. Michel, informé à temps, se saisit des députés et il recommença la guerre. George sur ces entrefaites revint de la horde; il avait pleinement gagné la confiance d'Usbeck, qui lui avait donné sa sœur Kontchuka pour épouse et une armée conduite par Kavgadi. Michel surprit ses ennemis, battit les Tartares, fit leur général prisonnier, et s'empara même de la princesse tartare. Les Novgorodiens renforcèrent l'armée de George, qui se disposait à tirer vengeance de Michel, lorsque celui-ci lui fit proposer de prendre Usbeck pour arbitre de leur querelle.

Malheureusement pour le grand-prince, Kontchuka mourut presque subitement entre ses mains; et quoiqu'il eût rendu la liberté à Kavgadi, celui-ci ne lui pardonna pas la victoire qu'il avait remportée sur lui. George accusa Michel d'avoir empoisonné la sœur du kan, et Kavgadi ne perdit pas non plus l'occasion de nuire à son odieux vainqueur. Il ne fut pas difficile d'exciter au plus haut point les ressentiments du grand kan, et le malheureux Michel, après une dure captivité de plusieurs semaines, fut livré aux bourreaux (1319). Cinq ans avant cet événement, le métropolitain Pierre obtint du grand kan une charte d'immunités et de priviléges.

George III fut proclamé grand-prince à Uladimir. Démétrius, fils aîné de Michel, s'empara du trône de Tver, ancien apanage de sa famille; il retira des mains de George les restes de son père, lui envoya en échange ceux de Kontchuka; et pour prévenir la guerre dont George le menaçait, il se hâta de renoncer à toutes prétentions sur la grande-principauté et de payer la somme de deux mille roubles. C'est la première fois qu'il est fait mention de ce genre de monnaie dans l'histoire de Russie. Mais George était parti pour marcher contre les Suédois, qui s'étaient avancés vers Novgorod. Démétrius profita de son absence pour intriguer à la cour d'Usbeck, qui, peut-être pour le dédommager de la perte de son père, lui accorda la dignité de grand-prince et envoya en Russie un de ses lieutenants pour faire exécuter ces nouvelles dispositions. George se rendit sur-le-champ à la horde pour tâcher d'en faire révoquer la sentence. Démétrius l'y suivit, et l'ayant rencontré près de la tente du kan, il se précipita sur lui et le tua. Démétrius, arrêté aussitôt, fut condamné à mort, et subit le supplice.

Démétrius laissait un frère nommé Alexandre; Usbeck lui permit de monter sur le trône : il ne s'y soutint pas. Le bruit courut que les Tartares voulaient convertir les Russes et les rendre musulmans; un complot fut ourdi dans l'ombre, et, à un signal donné, tous les Tartares qui se trouvaient dans Tver furent impitoyablement massacrés. Usbeck aurait pu envoyer une armée pour venger le meurtre de ses soldats, mais il voulut punir les Russes par les mains des Russes eux-mêmes. Il manda auprès de lui Jean, prince de Moscou, fils de Daniel. Il lui conféra le titre de grand-prince, lui fournit des troupes, et lui promit tout son appui. Jean rassembla ses milices, celles de Souzdal s'unirent à lui. Alexandre prit la fuite. Novgorod se soumit, et Jean prit sans contradiction le titre qu'il tenait du grand kan.

Son droit de souveraineté ne s'étendait au surplus que sur la Russie septentrionale. Toutes les provinces du sud étaient possédées par des princes indépendants, et quoique la ville de Kief ne se fût pas relevée de ses ruines, elle avait un souverain qui prenait le titre de grand-prince comme autrefois. C'était Gédimin, qui d'officier du prince de Lithuanie devint prince lui-même par un assassinat, et agrandit ses domaines de toute la Russie méridionale, Kief comprise : la Gallicie était possédée par les descendants de Roman et de Mstislaf le Brave.

Jean, fils de Daniel, ne fut pas plutôt assis sur le trône que, comptant sur l'appui des Tartares, il s'appliqua uniquement à consolider son pouvoir; et il travailla si activement, qu'il força tous ses ennemis à se soumettre à lui. C'est du règne de ce prince que date (1328) l'importance de Moscou, qui prit rang de capitale et rendit le titre de grand-prince héréditaire dans la descendance de Daniel; elle dut, il est vrai, ce double avantage au génie souple et à l'adresse de Jean, qui d'abord, pour faire sanctionner ses desseins par le clergé, attira dans sa résidence le métropolitain, et fit bâtir l'église de l'Assomption (1336); qui ensuite se rendit auprès d'Usbeck, qu'on disait très-irrité contre

Alexandre, auteur ou complice du massacre de Tver. Alexandre s'était réfugié dans Pskoff, et comme cette ville avait une population nombreuse, Jean n'osa pas recourir à la voie des armes : il se contenta de faire excommunier par le métropolitain Alexandre et les habitants. Ceux-ci paraissaient disposés à le défendre. Mais Alexandre, craignant leur inconstance, se retira dans la Lithuanie, où il ne fut point poursuivi. Au bout d'un an et demi, il reparut à Pskoff, et non-seulement les habitants de cette ville le reconnurent de nouveau pour leur prince, mais encore les Novgorodiens suivirent cet exemple. Peu de temps après, Alexandre alla se remettre en personne entre les mains du grand kan, qui, touché de cette marque de confiance, lui pardonna et lui rendit sa principauté de Tver.

Cependant Jean poursuivait ses projets avec persévérance; il avait soumis tous les princes russes, ou les avait forcés de reconnaître sa suzeraineté; mais il trouva un rival jaloux dans Alexandre. Celui-ci avait été grand-prince, il voulut le redevenir, et, comptant sur un retour de faveur de la part d'Usbeck, il n'hésita pas à commencer les hostilités. Jean, au lieu de combattre, courut à la horde les mains pleines d'or, et il obtint le supplice d'Alexandre et de son fils. Dès ce moment, Jean ne trouva plus d'obstacles dans son despotisme. Il ne lui manquait plus que de réduire l'indocile Novgorod ; il fut surpris par la mort au moment où il se disposait à conduire une armée formidable sous les remparts de cette ville, toujours révoltée contre ses princes (1340).

Ce prince, qu'un écrivain déclamateur cherche à flétrir de noms odieux, laissa des souvenirs honorables, et sa mort excita les regrets du peuple. Il avait purgé de voleurs et de malfaiteurs le sol russe; charitable envers les pauvres, il répandait d'abondantes aumônes; il maintint la paix publique dans ses États, rendit toutes les routes sûres, protégea spécialement le commerce, attira en Russie les marchands étrangers, augmenta l'autorité souveraine, et sut imprimer l'unité d'action à son gouvernement.

Siméon, surnommé le Superbe, fils aîné de Jean, succéda à son père par la volonté du grand kan, qui mourut l'année suivante (1341), et fut remplacé par son fils Tchanibeck. Celui-ci manda auprès de lui tous les princes russes, se fit reconnaître en qualité de souverain, et confirma Siméon dans la dignité de grand-prince qu'Usbeck lui avait conférée. L'histoire s'occupe à peine de ce prince, dont le règne passa presque inaperçu. Une peste meurtrière qu'on appela *la mort noire*, et qui dévasta toute l'Europe vers le milieu du XIVe siècle, étendit enfin ses ravages sur la Russie (1352); Siméon en fut atteint; il n'avait encore que trente six ans; mais ni les secours de l'art, ni la vigueur de son tempérament ne purent le sauver. L'archevêque de Novgorod, Basile, donna dans cette occasion les plus grandes preuves de dévouement.

Siméon est le premier souverain qui ait pris le titre de grand-prince de toutes les Russies. Dès qu'il eut cessé de vivre, tous les princes se rendirent à la horde pour solliciter de Tchanibeck sa riche dépouille. Le kan choisit Jean ou Ivan, fils de Jean Ier et frère de Siméon; les enfants de ce dernier étaient morts de la peste. Le règne de Jean II fut encore plus insignifiant que celui de son frère. Des troubles à Novgorod et dans d'autres villes, des querelles religieuses entre les métropolitains, qui s'anathématisaient mutuellement, les conquêtes d'un prince lithuanien nommé Olgerd, qui s'empara des principautés de Briansk et de Smolensk, et ne fut troublé dans sa possession ni par le grand-prince ni par le grand kan : tels furent les principaux événements de cette époque. Jean II ne passa que six ans sur le trône; il mourut à la fleur de l'âge (1359).

Le nouveau kan, Mourouth, descendant de Gengis-Kan, donna le titre de grand-prince à Démétrius, prince de Souzdal; ainsi la branche moscovite se trouva, momentanément du moins, arrêtée dans son essor. On croit que le kan se détermina par politique plus que par affection. L'ambition et la puissance réelle des Moscovites portaient depuis longtemps ombrage aux Tartares. En ne laissant d'ailleurs à aucune famille le temps de se consolider sur le trône, aucune n'acquérait assez de force pour tenter avec succès de briser le joug étranger. Démétrius II fut couronné à Uladimir. Il promit aux habitants de leur rendre tous les priviléges qu'ils avaient eus. Il s'agissait d'abord de restituer à la ville le siége métropolitain; mais la faction moscovite contraria ce projet de toutes ses forces. Alexis, alors métropolitain, ne voulut point quitter Moscou, et toutes les tentatives faites pour triompher de sa résistance furent infructueuses.

Cependant le prince de Lithuanie, Olgerd, étendait ses conquêtes sur les provinces russes, et la discorde, qui depuis longtemps régnait chez les Tartares, ne leur permettait guère de s'opposer à ses entreprises. Toutefois la faction moscovite crut le moment favorable pour agir et marcher vers l'accomplissement de ses desseins. Le Tartare Mourouth avait ou paraissait avoir l'avantage sur ses concurrents au trône; ce fut à lui que les boyards moscovites s'adressèrent pour obtenir la dignité de grand-prince en faveur du jeune Démétrius, fils de Jean (Dmitri Yvanovitch). Ils y réussirent aisément; mais ce qui valait mieux qu'un diplôme de Mourouth, encore chancelant sur son trône usurpé, c'était une puissante armée qu'ils avaient levée en secret et avec laquelle ils envahirent à l'improviste les domaines de Démétrius III. Celui-ci, trop faible pour opposer une résistance efficace, se retira immédiatement à Souzdal, laissant aux habitants d'Uladimir la liberté d'ouvrir les portes de leur ville à son heureux rival; ce qu'ils firent aussitôt après son départ.

Démétrius IV n'avait que douze ans lorsqu'il monta sur le trône, porté par la faction moscovite ou plutôt aristocratique; mais ce prince avait été doué par la nature d'un grand caractère. Il commença par être l'instrument de ses nobles, il finit par être leur maître; et s'il n'était mort prématurément lorsqu'il eut atteint sa quarantième année, il est probable qu'il aurait anéanti cet esprit d'aristocratie qui fut partout, autant que l'esprit démagogique, l'ennemi déclaré du pouvoir royal.

Le nouveau souverain fut couronné à Uladimir; mais,

quelque temps après, les boyards moscovites, craignant tout de Mamaï, chef d'une tribu puissante, crurent devoir obtenir de lui un second diplôme pour leur prince, ce qui exigea un second couronnement, Mamaï regardant le premier comme nul. Mourouth, irrité de ce qu'il regarda comme une trahison de la part du prince moscovite, mais ne pouvant toutefois se venger par les armes, parce qu'il aurait attiré contre lui les hordes redoutées de Mamaï, envoya le titre de grand-prince à Démétrius III, qui, muni de ce vain titre, crut pouvoir opérer une révolution favorable. Il se trompa : poursuivi par les Moscovites, assiégé dans Souzdal même, il fut contraint de se soumettre au vainqueur, au nom duquel les boyards lui permirent de régner sur son ancien patrimoine à titre de vassal.

Un événement qu'on ne prévoyait pas vint augmenter la prépondérance du grand-prince. Le prince de Nijni-Novgorod étant venu à décéder, Démétrius de Souzdal, son frère aîné, réclama son héritage; mais un autre frère, plus actif que Démétrius, s'en empara. Ce dernier se plaignit au grand-prince, qui ne perdit pas cette occasion de faire prévaloir sa suprématie. Les deux frères furent mandés à Moscou. Le cadet refusa d'abord de se rendre à l'appel. Le grand-prince eut recours aux armes, et le rebelle baissa la tête sous le joug. Pour achever de subjuguer Démétrius de Souzdal, on donna pour époux à sa fille Eudoxie le prince de Moscou lui-même.

Ce fut vers ce temps (1367) qu'un incendie ayant dévoré en entier la ville de Moscou, alors toute construite en bois, le Kremlin fut rebâti en pierre. C'était une utile précaution, car rien n'était plus facile à des assiégeants que d'incendier un fort de bois, et « il fallait se hâter, dit Karamsin, de prendre toutes les mesures de défense nécessaires pour assurer le pays et la capitale contre les efforts de ses oppresseurs, que ne manqueraient pas d'irriter les tentatives des Russes pour se soustraire à la servitude. » La peste, qui reparut à Novgorod, à Péréaslavle, et dans beaucoup d'autres villes où elle exerça de grands ravages, favorisa les desseins des Moscovites en diminuant le nombre de leurs ennemis. La fière Novgorod s'humilia même devant le grand-prince dans une occasion où quelques-uns de ses bâtiments avaient dépouillé des marchands étrangers. La ville de Tver refusa pourtant de se placer dans la dépendance, et elle se donna un prince dans la personne de Michel, fils d'Alexandre.

Le grand-prince rassembla une armée, et, sous prétexte de protéger un enfant, cousin de Michel, il l'envoya sous les murs de Tver. Michel prit la fuite, et il se rendit auprès du prince de Lithuanie, Olgerd, pour lui demander du secours. Olgerd, qui était beau-frère de Michel, et qui d'ailleurs était intéressé à ce que le grand-prince de Moscou n'acquît pas trop de puissance, leva des troupes et marcha droit sur Moscou, qui dans ce moment se trouvait sans défenseurs. Les remparts en briques de cette ville l'arrêtèrent, et il fut obligé de s'en retourner. Le grand-prince avait été heureux de pouvoir s'enfermer dans le Kremlin, dont les murailles de pierres lui offraient, à cette époque, un lieu d'asile inexpugnable; mais Olgerd ne le fut pas moins lui-même d'avoir, averti par les approches de l'hiver, opéré sa retraite avant la chute des neiges.

Michel eut alors recours au Tartare Mamaï, qui lui donna un diplôme de grand-prince, et voulut aussi lui donner une armée, que Michel refusa, se contentant pour toute escorte d'un ambassadeur tartare. Démétrius aurait pu faire enlever ou assassiner Michel et l'ambassadeur sur la route, il aima mieux s'assurer des dispositions du peuple et des grands; il exigea un nouveau serment de fidélité, que tous prêtèrent. Comme Michel s'acheminait vers Uladimir, Démétrius lui en laissa les avenues libres, mais il se rendit dans les environs avec son armée. Les habitants d'Uladimir fermèrent leurs portes à Michel. L'ambassadeur fit alors sommer Démétrius de se rendre à Uladimir pour y recevoir les ordres du kan. Démétrius répondit fièrement qu'il ne souffrirait pas que Michel entrât dans la ville, et il somma l'ambassadeur de se retirer.

Celui-ci se retira en effet, mais ce fut pour abandonner Michel et se rendre à Moscou, où, comme il s'y attendait, le grand-prince et les boyards le comblèrent de présents. L'ambassadeur l'engagea même à le suivre à la horde de Mamaï, et Démétrius tenta la périlleuse épreuve : elle lui réussit ; Mamaï, gagné par les présents qu'il reçut, accueillit parfaitement le prince de Moscou, le confirma dans sa qualité de grand-prince, et lui livra même le fils de Michel, qu'il avait retenu comme otage pour sûreté du remboursement de dix mille roubles prêtés à Michel. Démétrius retourna triomphant à Moscou.

Tranquille du côté des Tartares et des Lithuaniens, Démétrius commença de mettre à exécution le projet qu'on lui avait suggéré de réduire et de subjuguer tous les princes apanagistes. Le premier qu'il attaqua fut Oleg, prince de Rézan, et d'abord ses armes furent heureuses, puisque ce prince fut pleinement dépossédé ; mais Oleg ne tarda pas à reprendre la plus grande partie de sa principauté. Démétrius, obligé de se défendre contre les Lithuaniens, que Michel avait de nouveau appelés en Russie, ne put pas se venger de cet échec reçu par ses troupes.

Cependant Mamaï, qui avait réduit le tribut dû par les Russes, pressé probablement d'argent ou seulement dominé par l'avarice, envoya un corps d'armée pour lever le tribut, non-seulement sur l'ancien pied, mais encore considérablement augmenté. Les Tartares entrèrent inopinément à Nijni-Novgorod, et ils pillèrent les habitants. Le peuple exaspéré prit les armes, et mille Tartares furent massacrés. Il paraît qu'à cette époque les Russes étaient bien décidés à résister aux Tartares et à briser leur joug humiliant. Les Moscovites se tenaient préparés aux événements : et, s'ils avaient montré moins d'énergie, ils auraient été peut-être anéantis, tant ils se trouvèrent tout à coup entourés de dangers. Deux émigrés de Moscou, un marchand et le fils d'un magistrat assassiné sous le règne de Jean II, à Moscou, avaient cherché et trouvé des auxiliaires au kan tartare.

Depuis longtemps les Moscovites avaient un magistrat élu par eux, une espèce de tribun du peuple, lequel avait le pas sur les boyards et jouissait d'une telle autorité, que celle du souverain s'en trouvait souvent entravée. Ce magistrat portait le titre de tissiatchski. Les boyards, à qui la faiblesse de Jean II permettait de prendre une part très-active dans le gouvernement, assassinèrent ou firent assassiner le tissiatchski, moins en haine de sa personne qu'en haine de sa magistrature démocratique. Le fils de la victime s'enfuit chez les Tartares. Après le massacre de Nijni, il s'efforça d'exciter le courroux de Mamaï et de le pousser à la vengeance; en même temps il engagea Michel à reprendre les armes, et les Lithuaniens à seconder les soldats de Tver et les Tartares pour une invasion nouvelle dans la grande-principauté.

Michel n'eut pas la patience d'attendre ses alliés; il entra le premier en campagne. Démétrius, qui s'attendait à être attaqué, avait préparé sa défense, de sorte que Michel le trouva sous les armes. Obligé de battre en retraite, il fut vivement poursuivi, et bientôt assiégé dans Tver. Craignant que la place ne fût emportée d'assaut, il capitula à des conditions très-onéreuses, qui le réduisirent à la condition de vassal, malgré le titre de grand-prince de Tver qu'il lui fut permis de porter. Informés du sort de Michel, les Lithuaniens ne firent aucun mouvement. Quant aux Tartares, ils ne s'étaient pas encore montrés. Démétrius ne perdit point l'occasion que lui offrait la fortune; il avait sous ses ordres une armée nombreuse et dont la victoire avait enflé le courage; il la conduisit dans la Bulgarie orientale, et cette province, sur laquelle régnaient deux kans tartares, devint province tributaire de la Russie.

Cependant Mamaï dirigeait sur Nijni une armée considérable; instruit à temps, Démétrius alla couvrir sa frontière, et l'ennemi ne parut pas. Après l'avoir longtemps attendu, Démétrius reprit le chemin de Moscou, et laissa l'armée sous les ordres de ses waivodes. Ceux-ci se laissèrent surprendre, et les Tartares, profitant de ce premier succès, parcoururent tout le pays de Nijni et de Rézan, qu'ils ravagèrent. L'année suivante, les Russes, usant de représailles, portèrent le feu et le fer chez les Tartares. Le marchand Nékomat et le fils du tissiatchski, qui avaient eu l'imprudence de rentrer dans la Moscovie après que Démétrius eut accordé la paix à Michel, furent arrêtés, jugés, condamnés à mort et exécutés.

Mamaï, irrité jusqu'à la fureur, envoya une armée qui envahit le pays de Rézan. Démétrius courut à sa rencontre, lui livra bataille sur les bords de la Voja, et remporta une victoire signalée. On dit qu'au moment où les Tartares vaincus se débandaient et fuyaient, ce prince s'écria : *Le temps est passé ; Dieu est avec nous !* Mamaï jura de se venger, et, de leur côté, les Moscovites jurèrent qu'ils briseraient le joug. Les premiers coups du Tartare tombèrent sur le pays de Rézan ; mais, après avoir dévasté et brûlé quelques villages sans défense, il s'en retourna sans attendre les Moscovites. Il avait compris que, pour vaincre, il n'aurait pas trop de toutes ses forces, et il ne s'eloigna que pour revenir plus fort et plus assuré du succès. Les Moscovites, convaincus maintenant que les Tartares n'étaient pas invincibles, mais n'ignorant pas qu'ils étaient de dangereux ennemis, mirent tout en œuvre pour que la résistance pût rendre l'attaque impuissante. Oleg de Rézan, dans ces circonstances difficiles, donna un odieux exemple : il traita secrètement avec Mamaï, qui lui promit de lui abandonner les provinces dont il se rendrait maître ; le prince de Lithuanie l'imita ; mais cette coalition ne réussit pas mieux alors qu'elle n'avait réussi deux ans auparavant.

La bataille fameuse de Koulikoff (8 septembre 1380) décida la querelle. Démétrius savait que la diligence dans la guerre est le plus utile auxiliaire du courage : il ne voulut laisser ni au perfide Oleg ni à Jagellon, prince de Lithuanie, le temps d'opérer leur jonction avec les Tartares : il vola au-devant de ceux-ci, qui étaient campés au dela du Don, et, passant le fleuve, il attaqua l'ennemi avec tant de résolution, de vigueur et d'audace, qu'il remporta la victoire la plus complète dont il soit fait mention dans l'histoire ancienne de la Russie. Cependant un kan tartare qui se disait descendant de Gengis profita de la défaite de Mamaï pour s'emparer de l'autorité et se faire proclamer grand kan. Dès qu'il eut réussi, il envoya des ambassadeurs aux princes russes pour les sommer, *comme tributaires des Mogols*, de comparaître devant lui. Cette arrogance irrita les Moscovites, qui reçurent fort mal les députés tartares; ceux-ci s'en retournèrent saisis de terreur.

Le grand kan, Tokhtamouisch, dissimula ses ressentiments; mais, au moment où on s'y attendait le moins, il envahit la Moscovie avec une puissante armée, et il arriva sans obstacle jusqu'à Moscou. Après plusieurs assauts inutiles, il essaya la ruse, et il réussit mieux; mais à peine les habitants eurent-ils ouvert leurs portes, que le massacre commença. La ville fut pillée et brûlée: les Tartares s'en retournèrent chargés de butin. C'était Oleg de Rézan qui, rentré en grâce une première fois, et ne craignant pas de se montrer indigne de bienveillance, avait facilité aux Tartares l'entrée de la Russie; il fut puni de sa double trahison par la ruine de son autorité, la destruction de sa capitale et la dévastation de sa principauté. On attribua le désastre subi par Moscou aux discussions qui s'étaient élevées au sujet de la nomination du métropolitain entre le clergé, le grand-prince et les boyards.

Les Tartares vainqueurs accablèrent les Russes d'impôts Tous leurs princes sentirent alors la nécessité de se réconcilier et de s'unir contre l'ennemi commun. Cette réconciliation fut scellée par le mariage d'une fille de Démétrius avec le fils d'Oleg, et par un traité avec Michel de Tver. Le grand-prince tourna pour lors ses armes contre Novgorod, qui, dans sa manie de république, n'avait jamais cessé de se montrer indocile et disposée à la révolte; qui, ayant besoin d'appui, l'avait cherché parmi les Lithuaniens, ennemis naturels des Russes; qui venait enfin de se soustraire à la juridiction du métropolitain de Moscou pour montrer de plus en plus qu'elle aspirait à une indépendance absolue. Une armée nombreuse fut rassemblée autour de Moscou. Quand les Novgorodiens virent l'orage qui se formait, ils tentèrent de le conjurer; ils envoyèrent des ambassadeurs à Moscou ; Démétrius refusa de les recevoir, et il s'avança vers leur ville, dévastant et brûlant tout sur son passage. Les Novgorodiens firent partir une députation nouvelle, mais ils n'obtinrent la paix qu'au prix de grands sacrifices Ils durent reconnaître le grand-prince pour leur souverain, se soumettre à lui payer à l'avenir l'impôt territorial qui jusque-là avait été versé au trésor de la ville, et à lui compter une somme de huit mille roubles.

Cependant les Lithuaniens s'étaient emparés de Smolensk et de Polotsk, ce que les Moscovites souffrirent impatiemment ; néanmoins ils dissimulèrent leur ressentiment, afin de pouvoir se livrer sans obstacle à l'exécution de leur grand projet, qui était de se délivrer pour toujours des Tartares. Tout à coup Démétrius, qui compte à peine quarante ans, qui a toutes les apparences d'une santé robuste, qui semble devoir pousser encore bien loin sa carrière, Démétrius, frappé d'un mal violent, sent qu'il va mourir, règle les affaires de sa succession, désigne son succeseur, appelle autour de lui ses boyards, leur recommande sa femme et ses enfants, et rend le dernier soupir, le 19 mai 1389.

Démétrius avait reçu de la nature un caractère ferme, une haute intelligence, de l'adresse, de la circonspection et un courage à toute épreuve. La Russie lui doit l'établissement de la monarchie, Moscou sa splendeur; il subjugua les apanagistes, humilia Novgorod, centralisa autour de son trône toute l'influence religieuse et civile, attira l'industrie et la richesse agrandit considérablement ses domaines, fonda plusieurs villes, favorisa le système qu'il avait introduit de fortifier les places par des remparts de brique ou de pierre, sut inspirer à ses peuples la haine du nom tartare et du joug étranger, appela dans ses Etats les hommes industrieux qui pouvaient contribuer à civiliser les Russes, fit fabriquer des monnaies d'argent et de cuivre sous les noms de denga et pouli. La mort de Démétrius excita de vifs regrets.

CHAPITRE VI

CONSOLIDATION DE LA MONARCHIE RUSSE.

Règnes de Vassili II, Vassili III, Jean ou Yvan III, et Vassili IV.

1389 - 1533.

Après la mort de Démétrius, son fils Vassili, âgé de sept ans, monta sur le trône sans opposition. C'était le commencement de l'hérédité dans la branche moscovite. A la vérité, le kan tartare fut représenté par un ambassadeur dans la cérémonie du couronnement, mais on voyait déjà clairement que le consentement du kan n'était plus chose nécessaire ; on le demanda par prudence, mais on pouvait s'en passer. Toutefois on crut qu'un voyage du grand-prince à la horde ne serait pas inutile. Vassili partit pour la résidence du kan, Tokhtamouisch, lui fit quelques présents, et reçut des concessions de territoire. La principauté de Souzdal tout entière fut incorporée à la monarchie russe. Novgorod, qui avait cru pouvoir profiter de la jeunesse du nouveau souverain pour s'exempter de lui payer le tribut territorial, s'estima heureuse de faire oublier par un prompt paiement cette tentative de révolte. La ville de Torjeck, qui avait pris part à l'insubordination de sa métropole, fut complétement saccagée. Soixante-dix de ses principaux habitants, traînés à Moscou, périrent dans les supplices.

Ce fut à cette époque que parut en Asie le farouche Tamour-Leng (Tamerlan). Cet émule de Gengis voulut que son empire s'étendît sur tout l'Orient. Il fit la guerre à Tokhtamouisch, le vainquit dans les environs d'Astrakan, le vainquit une seconde fois entre les rivières de Terek et de Kour, nomma un kan de Kaptchak, résidence ordinaire du grand kan, se mit à la poursuite du vaincu, traversa le Volga, le désert de

Saratof, et pénétra par le sud-est dans les terres du grand-prince. Toute la Russie s'émut à la nouvelle de l'invasion; mais les Moscovites ne perdirent point courage, et, donnant un généreux exemple, ils coururent aux armes. Cet exemple fut suivi, une armée nombreuse se réunit, et, le grand-prince à sa tête, alla camper à Kolomma, derrière l'Oka. Soit que Tamour trouvât que la Russie, trop froide et trop pauvre, ne valait pas la peine d'être conquise, soit qu'il ne voulût pas compromettre la gloire de ses armes avec une nation qui semblait décidée à lui disputer le terrain pied à pied, il donna l'ordre de retourner en arrière, et il sortit de la Russie par le côté du sud, détruisit Azof en passant, conquit la Circassie et la Géorgie, renversa les murs d'Astrakan et anéantit pour toujours l'empire fondé par Bati.

Vassili avait épousé la fille de Vitold, qui régnait sur la Lithuanie: ce Vitold n'était pas moins dangereux pour ses voisins que les Tartares eux-mêmes. Ce fut dans l'intention de garantir la Russie de ses entreprises que le mariage de Vassili fut conclu; encore ce moyen ne réussit-il qu'imparfaitement, car il s'empara de Smolensk et ravagea le pays de Rézan. Il y eut deux entrevues ménagées entre le beau-père et le gendre. On prétend que les deux princes arrêtèrent la destruction de Novgorod; cependant leurs desseins furent ajournés. Vassili conquit toute la Bulgarie. Mais Vitold, s'étant avancé dans le pays des Tartares, essuya une grande défaite où il perdit les deux tiers de son armée.

Michel de Tver mourut sur ces entrefaites, et ses États se partagèrent entre ses enfants; peu de temps après (1402), la tombe s'ouvrit pour le fameux Oleg de Rézan. Ces deux princes eurent pour successeurs: le premier, son fils Jean; le second, son fils Féodor. L'un et l'autre demandèrent le consentement du kan que Tamour avait substitué à Tokhtamouisch. Ce dernier avait péri dans une action, et Tchadibek s'était assis paisiblement sur le trône de Kaptchak. Il devait ses succès à un vieux général nommé Edigie, qui tenta de surprendre les Moscovites dans leur capitale même.

Cette tentative audacieuse échoua. Pendant qu'Edigie formait le siége de la place, un ordre de la horde le rappela sans délai : Tchadibek était mort dans l'intervalle, et son successeur avait besoin de l'armée pour se défendre contre un concurrent qui l'attaquait. Comme, d'un autre côté, le grand-prince s'avançait au secours de la ville avec des forces considérables, Edigie prit le parti de se retirer ; mais, se donnant bien de garde de laisser voir qu'il y était forcé, il offrit aux habitants de lever immédiatement le siége si on voulait lui compter trois mille roubles et s'engager à payer désormais le tribut comme on le payait à Tchadibek ; les habitants acceptèrent ces conditions, et Vassali les remplit exactement jusqu'à sa mort, qui arriva quelques années plus tard (27 février 1425). Il était alors âgé de cinquante-trois ans, et il en avait régné trente-six. Il avait considérablement étendu sa grande-principauté en y ajoutant plusieurs villes importantes et de vastes territoires.

Son fils Vassili encore enfant lui succéda ; il l'avait placé sous la protection de son aïeul maternel Vitold, et lui avait nommé un conseil composé des principaux boyards. Les oncles du nouveau souverain se soumirent à la volonté que le défunt avait manifestée. Youri, l'un d'eux, fut le seul récalcitrant ; mais les Moscovites prirent les armes pour leur prince, et ils l'obligèrent de renoncer à ses prétentions. Vitold, bien qu'octogénaire, dirigea une expédition contre Novgorod, qui ne put éviter la dévastation qu'en payant une somme de onze mille roubles. Il mourut peu de temps après (1428) ; on dit qu'il avait voulu ériger la Lithuanie en royaume, et que le dépit d'avoir échoué par les intrigues de l'empereur Sigismond hâta le terme de sa carrière.

Le kan des Tartares ne conservait plus beaucoup d'influence dans les affaires de Russie ; toutefois, en 1431, Youri ayant repris les armes, son neveu le cita devant le kan Makhmat, qui prononça en faveur de Vassili. Malgré cette décision, Youri continua la guerre, et Vassili, surpris à l'improviste, tomba dans ses mains. On conseillait à Youri de faire mourir son neveu ; il se contenta de le reléguer à Kolomna. La population entière de Moscou se rendit dans cette ville. Après une telle marque de dévouement, Youri rendit Moscou à son neveu; mais il ne tarda pas à l'en chasser de nouveau. Il est même probable que Vassili n'y serait jamais rentré si son oncle n'était décédé. Le fils aîné d'Youri voulut, il est vrai, s'emparer du trône; mais Vassili, favorisé par les Moscovites et par la jalousie de ses cousins contre leur frère, fut replacé sur le trône.

A peine rétabli, Vassili attaqua Novgorod, qui acheta la paix huit mille roubles (1440); mais cet avantage fut compensé par un événement fâcheux. Makhmat, chassé de Kaptchak par son frère Kitchim, alla relever les murs de Kazan, que les Russes avaient ruinée en 1399; il la peupla de Bulgares, de Tchérémis et de Mogols, et durant un siècle les Tartares de Kazan furent la terreur des Russes du sud.

Ce fut sous le règne de Vassili que l'Eglise russe se déclara indépendante de l'Eglise grecque de Constantinople. Voici comment la chose arriva. Le métropolitain Photius était mort en 1431, et pendant six ans on n'avait pas songé à lui donner un successeur. Au bout de ce long intervalle, Vassili assembla ses évêques, et la dignité métropolitaine fut déférée à Jonas, évêque de Rézan. Jonas partit aussitôt pour Constantinople, d'où il comptait rapporter le consentement de l'empereur et la bénédiction du patriarche; mais il n'obtint que de vagues promesses d'être nommé *lorsque le siége serait vacant*. L'empereur et le patriarche avaient déjà désigné Isidore de Thessalonique, ami du pape Eugène IV. Il s'agissait en ce moment de la réunion des deux églises grecque et latine, et l'on comptait sur Isidore pour servir d'intermédiaire auprès du souverain pontife. Isidore fut reçu à Moscou avec beaucoup de magnificence; mais, à peine les cérémonies de sa réception étaient-elles terminées, qu'il demanda et obtint la permission de partir pour Rome. Un concile eut lieu à Florence en 1439, Isidore y assista; il fut question de plusieurs points de dogme, et l'on y rendit, de plus, le décret d'union des deux églises, décret qui ne fut pas exécuté. Isidore revint à Moscou porteur du décret et du chapeau de cardinal, et avec le titre de légat *a latere.* Tout le clergé russe manifesta la plus grande répugnance pour l'union, et le grand-prince entama publiquement avec Isidore une vive discussion, où il ne ménagea point les termes, car il le traita de faux pasteur et de corrupteur des âmes. Une assemblée d'évêques et de boyards condamna tout d'une voix Isidore, qu'on enferma dans un monastère; mais on lui laissa les moyens de sortir de sa prison. Il se rendit à Rome, et Jonas fut désigné une seconde fois; mais à peine était-il parti pour Constantinople, que des courriers expédiés après lui le ramenèrent à Moscou, sous prétexte que les Grecs admettaient les *hérésies de Rome.* Le décret d'union avait été admis en Pologne et en Lithuanie, de même qu'à Kief et dans toute la Russie méridionale.

Cette affaire terminée, des guerres intestines s'allumèrent (1441); la famine, la peste se joignirent au premier fléau; il y eut des contrées dépeuplées. Pour comble de mal, la Suède, la Norwége et le Danemark, suscités par l'ordre Teutonique, se liguèrent contre la Russie; mais les Novgorodiens battirent les troupes alliées (1448), et conclurent une trêve de vinq-cinq ans. Le tzar de Kazan choisit ce moment pour envahir la Russie; Vassili se laissa surprendre, et il fut fait prisonnier; mais, sur la nouvelle qu'un prince bulgare s'était emparé de Kazan, le tzar Makhmed rendit la liberté à Vassili, et le renvoya vers les Moscovites avec deux ou trois officiers tartares chargés de le replacer sur le trône; ce fut pour son malheur : une conspiration ourdie par Démétrius, fils d'Youri, plus connu sous le nom de Chemyaka, renversa le malheureux Vassili. Ce prince fut accusé d'avoir cherché à plaire *aux infidèles* en leur sacrifiant sa religion et sa patrie. Cette imputation n'avait pas le plus léger fondement; mais, quand la révolte en veut aux jours d'un prince, ne trouve-t-elle pas toujours sous sa main des accusations banales qui ne trompent personne, mais qui suffisent pour faire mouvoir la populace égarée? ces grands mots élastiques de liberté, de patrie, ne sont-ils pas toujours l'arme des factieux? Vassili fut arrêté sur la route d'un monastère où il se rendait en pèlerinage, ramené à Moscou comme un malfaiteur, jeté dans une prison où le quatrième jour on lui creva les yeux, et de là relégué à Ouglitch. Ses deux fils furent sauvés par leurs gouverneurs et confiés aux princes Riapolovski, qui les gardèrent dans la forteresse de Mourom, où les anciens serviteurs de leur père ne tardèrent pas à se rendre de toutes parts.

La conduite imprudente et despotique de Chemyaka excita au plus haut point le mécontentement; les choses furent même poussées si loin, que Chemyaka, voyant que la noblesse et le clergé se prononçaient ouvertement contre lui, prit le chemin d'Ouglitch, se présenta devant Vassili, lui demanda pardon, exigea de lui le serment de ne point chercher à se venger, et lui donna la principauté de Vologda. C'était trop peu, les seigneurs moscovites accoururent auprès de Vassili; Tryphon, abbé de Saint-Cyrille, le releva d'uu serment arraché par la crainte; des émigrés russes, des Tartares venus de la Circassie, les troupes de Tver, se joignirent à lui, et Moscou ouvrit ses portes dans la nuit de Noël de l'an 1448. Chemyaka fut relégué dans son ancien apanage.

Vassili pleinement rétabli s'associa son fils Jean, et lui donna le titre de grand-prince, afin de lui assurer son héritage; d'un autre côté, il fut obligé de renoncer à l'impôt territorial de Novgorod, et de déclarer indépendants, sauf son droit de suzeraineté, les princes de Souzdal, de Rézan et de Tver. Ces princes, en échange, promirent de renoncer à toute alliance avec les Tartares. Quant à Chemyaka, comme il manquait à tous les engagements qu'il avait contractés, et que même il mit une armée sur pied pour soutenir sa désobéissance, il fallut employer la force pour le réduire. Vaincu dans une bataille décisive, il courut se réfugier à Novgorod. Une invasion des Tartares de la horde bleue ou des Nogaïs empêcha d'abord Vassili de poursuivre Chemyaka. Mais les Tartares s'étant retirés après avoir tenté un assaut contre Moscou, Chemyaka fut attaqué dans sa retraite, et bientôt après empoisonné, « sa mort, dit Karamsin, paraissant nécessaire à la sûreté de l'Etat. »

Le prince de Rézan avait confié en mourant ses enfants au grand-prince, et le grand-prince accepta la tutelle; mais en même temps il s'empara de la principauté. Il réunit ensuite la principauté de Souzdal à la Moscovie; d'autres contrées eurent le même sort; Novgorod payait de nouveau le tribut foncier, et depuis quelques années la Moscovie n'en payait plus aux Tartares; le grand-prince était parvenu au plus haut degré de puissance, lorsque la mort vint le saisir (1462). Il n'avait que quarante-sept ans. Comme on le crut attaqué de phthisie, et que le remède en vogue à cette époque était d'appliquer sur le corps de l'amadou et d'y mettre le feu, on le brûla de la tête aux pieds, et la gangrène se mit dans ses plaies. Vassili avait régné trente-sept ans.

Son fils Jean III eut un règne plus long encore, puisqu'il ne mourut qu'en 1505. Il était fort jeune quand il monta sur le trône; mais dès les premiers jours il se montra politique profond. Avant de songer à la guerre extérieure, il s'appliqua sagement à consolider son pouvoir au dedans. Ensuite il attaqua le tsarevitch de Kazan, qu'il contraignit à recevoir les conditions de la paix. De là il se porta sur Novgorod, qui avait tenté de se dégager encore une fois de toute redevance envers le grand-prince. Jean, vainqueur des Tartares (1469), le fut aussi des Novgorodiens; ils avaient épuisé tous leurs moyens de résistance, ce qui n'avait fait qu'irriter le grand-prince et ne put les sauver; ils furent dépouillés de la plus grande partie de leurs priviléges, condamnés à d'énormes contributions, et assujettis pour toujours à la domination moscovite. Toutes leurs terres avaient été dévastées, et de bien longtemps les Novgorodiens ne purent recouvrer qu'en partie leur ancienne opulence. Le traité accordé aux Novgorodiens (1471) mit le sceau à la puissance du grand-prince; il est connu sous le nom de traité de la Chelona, parce que ce fut sur les bords de la rivière de ce nom que Jean reçut la députation novgorodienne demandant la paix. L'année suivante, Jean conquit la province de Permie, de sorte que la domination moscovite s'étendit sans obstacle jusqu'aux monts Ourals.

Cependant le grand kan des Tartares se plaignait

de ne plus recevoir d'impôt de la Russie; il envoya des députés qui ne furent point écoutés, fit des menaces qu'on méprisa, rassembla une armée qu'une armée moscovite se disposa à recevoir. Akhmat-Kan s'avança en effet jusqu'à la rivière d'Oka; mais là, apercevant les Moscovites, dont on porte le nombre à cent quatre-vingt mille, il décampa dans la nuit et repassa les frontières. Cette retraite valait pour les Moscovites autant qu'une grande victoire; il leur était prouvé que les Tartares n'osaient courir la chance d'un combat. Jean rentra dans Moscou en triomphe, et s'empara des villes qui formaient l'apanage d'un de ses frères mort sans postérité.

L'heureux Jean III, veuf depuis quelques années, jeta les yeux pour se remarier sur la princesse Sophie, petite-fille de Constantin Paléologue, dernier empereur de Constantinople, et réfugiée à Rome. « Il espérait que ce mariage donnerait aux monarques russes, dit Karamsin, *les droits d'empereurs d'Orient.* » Pour tirer cette princesse des mains du pape, Jean persuada par ses envoyés au saint-père qu'il adhérait au décret d'union des deux Eglises du concile de Florence. Sophie de son côté, pour monter sur un trône, se montrait catholique à Rome, et assurait l'ambassadeur russe qu'elle était grecque au fond du cœur. Le pape Paul II étant venu à mourir, les négociations furent continuées avec Sixte IV, qui fut complétement dupe comme l'avait été son prédécesseur. La princesse partit avec une brillante escorte (1472); mais à peine fut-elle entrée sur le territoire russe, qu'elle cessa de feindre. Elle ordonna au légat qui l'accompagnait de cacher la croix latine qu'il portait sur sa bannière; un message du grand-prince vint confirmer l'ordre; et quand la princesse fut arrivée à Moscou, le mariage fut immédiatement célébré par le métropolitain suivant le rit grec, malgré les réclamations du légat Antoine.

Le grand-prince voulut alors donner à sa capitale un temple digne de devenir la métropole de tout l'empire; il fit venir l'architecte bolonais Fioravanti et des ouvriers allemands. La superbe basilique de l'Assomption s'éleva rapidement, et fut consacrée au bout de quatre ans (1479) ; les murs et les tours du Kremlin furent aussi reconstruits. Peu de temps après, la ville de Pskoff, qui avait conservé quelque indépendance, fut complétement subjuguée.

Les Tartares ne recevaient plus de tribut, mais ils conservaient encore dans le Kremlin une maison où le kan entretenait quelques serviteurs, honnêtes espions qui surveillaient la conduite du grand-prince. Jean, sous un frivole prétexte, les expulsa du Kremlin. Akhmat-Kan de son côté, le cœur enflé des succès qu'il avait obtenus en Tauride, s'intitulant de nouveau souverain de la Russie, somma le grand-prince d'aller lui rendre hommage. Le grand-prince accueillit les ambassadeurs, les renvoya avec quelques présents, ne quitta point Moscou, et se prépara secrètement à repousser une invasion si le Tartare osait la tenter.

Novgorod avait cru trouver l'occasion de ressaisir son ancienne influence ; il lui était resté quelques priviléges, celui, par exemple, d'avoir un *yetché* ou conseil national. Jean, qui tenait toujours des armées prêtes, marcha contre la ville, l'assiégea, l'affama et contraignit les habitants de se rendre à discrétion (1479). Depuis ce moment, Novgorod devint une ville moscovite. Les boyards novgorodiens prirent du service auprès du grand-prince. Les chefs principaux du parti républicain furent arrêtés et punis, la ville perdit son métropolitain ; un grand nombre de nobles virent leurs biens confisqués, et on les répartit dans plusieurs lieux de la Moscovie ; on usa du même moyen contre les principaux notables bourgeois de la ville ; quelques-uns furent même punis du dernier supplice (1481), et beaucoup d'habitants furent transférés à Moscou.

Cependant Akhmat-Kan n'avait pas renoncé à ses prétentions, et, pour les faire triompher, il avait envahi la Russie avec une armée nombreuse. Le grand-prince, plus politique que brave, avait rassemblé des troupes, mais laissé à d'autres le soin de les diriger. Le roi de Pologne, Casimir, avait promis au Tartare d'opérer une diversion, et il avait manqué de parole.

De son côté, Jean avait invité le kan de Crimée à tenter une incursion dans les terres d'Akhmat restées sans défenseurs, et cette incursion avait eu lieu. Akhmat fut obligé d'accourir au secours de ses domaines, de sorte que Jean triompha de lui sans avoir combattu. Depuis cette époque (octobre 1480), la Russie est restée libre de toute dépendance, et les Tartares n'ont plus tenté contre elle d'expédition sérieuse.

L'habile Jean ne borna pas là ses succès : après avoir saccagé la Livonie, il lui accorda une trêve de vingt ans (1483) ; il fit inquiéter la Pologne par son allié de Crimée ; il reprit aux Tartares de la horde dorée tout le butin qu'ils avaient fait sur ce dernier ; il renouvela les anciens traités d'alliance de la Russie et de la Hongrie avec Mathias Corvin, fils du fameux Hunniade ; il retira de cette alliance de grands avantages, parce que la Hongrie lui fournit des fondeurs, des artilleurs, des architectes et des mineurs ; il contracta aussi une étroite alliance avec le waivode de la Moldavie, Etienne IV, non moins fameux par ses talents que par son courage. Pour couronner tant d'heureux événements, Jean voulut concentrer dans ses mains l'entière domination de la Russie. Sous d'assez légers prétextes, il dépouilla son frère Michel de sa principauté de Tver, et cette importante province, d'où pouvaient sortir près de cinquante mille cavaliers, fut réunie à la Moscovie (1485). La même année, d'autres territoires furent annexés à la grande-principauté pour ne plus s'en séparer. Dans le même temps, des troubles étant survenus à Kazan, il s'empara de cette ville, et y plaça un souverain qui s'intitula vassal et tributaire du grand-prince. Jean se contenta du titre de prince de Bulgarie. La province de Viatka, où des émigrés novgorodiens avaient fondé une espèce de république, fut pareillement subjuguée.

Sur ces entrefaites, l'hérésie du juif Skaria, commencée en 1470, avait fait des progrès tels que le métropolitain Zozime s'était laissé lui-même gagner par les novateurs. Ces nouveaux sectaires se conformaient extérieurement aux pratiques du christianisme, mais ils niaient la venue de Jésus-Christ. Les principaux coupables furent arrêtés et condamnés à une peine ignominieuse ; le métropolitain donna sa démission forcée, et fut remplacé par un nouveau prélat nommé par le grand-prince, qui prétendit prouver ainsi qu'il avait le droit de disposer du siége métropolitain.

Deux frères de Jean possédaient encore des apanages, ils en furent successivement dépouillés; des négociations avaient lieu dans le même temps avec tous les Etats voisins ; il y eut un traité d'alliance entre la Russie et le Danemark ; une des filles de Jean épousa le grand-duc de Lithuanie (1), ce qui adoucit un peu les haines nationales qui divisaient les deux Etats ; il intervint activement dans les affaires du royaume de Kazan (1496), intervention continuée par ses successeurs, et qui à la longue amena la réunion définitive aux Etats moscovites ; une partie de la Sibérie au delà des monts Ourals fut conquise. Cependant le grand-prince ou ses conseillers travaillaient depuis longtemps à reconquérir toute la Russie méridionale, dont les Lithuaniens s'étaient emparés.

Sous prétexte que son gendre se liait avec les ennemis de la Russie, et en effet il s'était ligué avec les Tartares, une armée moscovite envahit ses Etats. Ce prince pouvait paraître à Jean d'autant plus dangereux que la mort sans enfants de son frère venait de lui ouvrir le chemin du trône de la Pologne. Après beaucoup de ravages, la guerre, qui presque toujours avait été avantageuse aux Moscovites, se termina par un traité (1502) où fut stipulée une trêve de six ans. Les Moscovites gardèrent tout ce qu'ils avaient conquis; ils ne consentirent même à la trêve que pour se procurer les moyens de revenir incessamment à la charge.

Sophie, l'épouse bien-aimée de Jean, mourut peu de temps après ce traité. Jean en eut tant de chagrin qu'il en tomba malade (1503), et depuis cette époque jusqu'à

(1) Le roi Casimir avait possédé la Pologne et la Lithuanie ; à sa mort, le royaume s'était divisé entre ses deux fils ; Albert, l'aîné, eut la Pologne ; Alexandre prit la Lithuanie. Le mariage de ce dernier avec la princesse russe avait été négocié par Casimir.

sa mort (27 octobre 1505), il ne traîna plus qu'une vie languissante. Il avait d'abord désigné pour son successeur le jeune Démétrius, comme représentant son fils aîné Jean, prédécédé ; mais à peine une année s'était-elle écoulée que Sophie, qui avait toujours exercé un grand ascendant sur l'esprit de son vieil époux, l'obligea de rétracter son choix pour désigner Vassili, l'aîné des enfants issus d'elle. Jean commença par nommer Vassili souverain et grand-prince de Novgorod et de Pskoff : cette dernière ville ayant osé réclamer, Jean répondit durement aux envoyés qu'*il donnerait la Russie à qui bon lui semblerait ;* Démétrius était encore héritier désigné. Mais lorsque Jean tomba malade après la mort de Sophie, il changea tout à fait ses premières dispositions, et dans le testament qu'il fit à cette époque, Démétrius fut déshérité, et Vassili nommé à sa place. Celui-ci était alors âgé de vingt-cinq ans, et son père lui avait donné pour épouse la fille d'un simple officier russe, la belle Salomonée Sabourof.

Jean III, durant son règne de quarante-trois ans, avait soumis ses armées à des règlements tels, que, bien qu'il n'eût pas d'armée permanente, il lui était aisé de réunir toutes les troupes dans très-peu de temps. Il consolida la monarchie moscovite, et assit le pouvoir royal sur de fermes bases ; il donna des terres aux fils des boyards à charge de service militaire, avec un certain nombre de fantassins ou de cavaliers ; il augmenta les revenus de l'Etat par une meilleure répartition de l'impôt ; il fit recueillir et reviser les anciennes lois, et en composa une espèce de code civil et criminel. Ce code, au surplus, ressemble à tous les codes de ce temps, à demi empreint de barbarie ; on y trouve pourtant de sages dispositions. Quand un individu mourait sans laisser de fils, la succession était dévolue au prince : Jean voulut que ce fussent les filles qui héritassent, et, après les filles, les plus proches parents collatéraux ; il publia de bonnes ordonnances de police, punit l'ivrognerie comme un délit ; il établit aussi des postes de chevaux et des stations.

Vassili monta sur le trône sans trouver d'opposition ;

mais comme il n'ignorait pas que Démétrius avait des partisans, il commença par enfermer ce malheureux prince dans une prison où il mourut au bout de quatre ans (1509). Cette mort fut probablement naturelle; mais elle servait trop les intérêts de Vassili pour qu'on ne soupçonnât pas ce dernier d'avoir employé le poison. Vassili ne fit au surplus que continuer le règne de son père; il conserva tous ses conseillers et suivit exactement la même politique. Il conçut même le projet de réunir la Lithuanie et la Pologne à la Moscovie, en briguant le trône de Pologne, vacant par la mort d'Alexandre, arrivée en 1506. Mais dejà Sigismond avait été nommé. La guerre ne tarda pas à éclater entre ce dernier et Vassili; toutefois ni de part ni d'autre elle ne fut poursuivie avec beaucoup d'ardeur; elle se termina par un traité de paix qu'on nomma la *paix éternelle*, et qui ne fut qu'une suspension d'armes.

La ville de Pskoff avait conservé son conseil national et quelques priviléges, après que Novgorod avait perdu tous les siens. Ce que Jean III n'avait pas cru devoir tenter encore, ruiner à la fois les deux villes républicaines, son fils l'entreprit, et il réussit complétement. Le conseil national fut supprimé, et Pskoff n'eut plus même l'ombre de l'indépendance qu'elle avait perdue pour toujours (1510). Trois ans après, la guerre recommença entre la Moscovie et la Pologne. Vassili fut informé que la reine douairière sa sœur, Hélène, était traitée sous les yeux de Sigismond avec une sauvage brutalité; d'un autre côté, le tzarevitch de Crimée, excité par les Polonais, faisait des incursions sur les terres des Russes; Vassili entra aussitôt en campagne; son armée, comme au temps de son père, se tenait toujours prête à marcher. La ville de Smolensk, qui depuis cent dix ans appartenait aux Lithuaniens, tomba la première au pouvoir des Russes. Ceux-ci, bientôt après, perdirent une grande bataille, où ils laissèrent, dit-on, quinze mille hommes sur le champ de bataille, sans compter un pareil nombre de prisonniers. Smolensk voulait ouvrir ses portes aux vainqueurs, car déjà on désespérait du salut des Moscovites; mais le gouverneur fit arrêter et pendre les mutins, et Smolensk fut sauvée.

Par une sorte de compensation de l'échec des armes russes, les Tartares de la Crimée, alliés de Vassili, remportèrent sur le Lithuanien Ostrogski, vainqueur des Russes, une grande victoire qui remplit Sigismond de terreur. Vassili suscita d'autres embarras au roi de Pologne, au point que Sigismond à son tour sembla perdu; mais il se releva par une victoire, et il sut profiter de l'inconstance des Tartares de la Crimée, qui, après avoir chassé le kan que Vassili leur avait donné, se liguèrent avec ceux de Kazan, les Nogaïs et les Cosaques du Dniéper, envahirent la Russie, et arrivèrent jusqu'à la vue de Moscou (juillet 1521). Les remparts de cette ville étaient forts; mais on manquait, dit-on, de poudre; on négocia, et le Tartare Makhmet se retira après avoir reçu une somme d'argent et la promesse d'un tribut. Sigismond, qui de son côté se trouvait très-affaibli, et qui au fond redoutait la trop grande puissance des Tartares, conclut un armistice de cinq ans avec Vassili; Smolensk resta aux Moscovites (1522).

La guerre avait duré dix ans avec des succès variés. Une trêve fut pareillement stipulée avec Makhmet, qui en profita pour aller attaquer Astrakan, dont il se rendit maître; mais les Nogaïs, alliés d'Astrakan, surprirent à leur tour les troupes de Makhmet et en firent un grand carnage; Makhmet lui-même fut du nombre des morts. Les Russes voulurent alors s'emparer de Kazan : leur armée, mal conduite et décimée par l'épidémie, se retira sans avoir rien fait. Une trêve aussi de cinq ans fut conclue avec les Kazanais.

Quand Vassili fut ainsi en paix avec ses voisins, il songea sérieusement à se remarier. Il avait épousé Salomonée, qui vivait encore; mais elle ne lui avait pas donné d'enfants. Il la répudia; le métropolitain prononça le divorce et bénit son second mariage avec Hélène Glinski. Cette union semblait d'abord condamnée à la stérilité; ce ne fut qu'au bout de trois ans qu'Hélène déclara sa grossesse. L'année suivante (1532), Hélène mit au monde un second fils qui s'appela Youri. Vassili ne goûta pas longtemps le plaisir d'être père; il mourut au commencement de décembre 1533, après avoir désigné pour successeur son fils aîné Yvan ou Jean, et nommé sa veuve tutrice et régente.

CHAPITRE VII

SUITE DU PRÉCÉDENT.

Avénement des Godounof, faux Démétrius; rétablissement de la race de Rurick. Règnes de Jean IV dit le Féroce, de Fédor Ivanovitch, de Boris Godounof et de son fils; du faux Démétrius.

1533-1606.

Après le couronnement de Jean IV, deux partis se formèrent dans le conseil. Les uns penchaient pour le vieux Michel Glinski, Lithuanien d'origine et oncle de la grande-princesse; les autres tenaient pour le jeune Telannef, Moscovite de naissance, et favori de la régente, qui eut et montra toujours pour lui beaucoup de déférence. Ces derniers s'appuyaient sur la nation entière, qui s'indignait de voir sur le trône une étrangère, et qui craignait de la voir dominée par ses parents; Michel Glinski, victime d'une intrigue de cour et accusé de crimes ou de projets dont il était peut-être coupable, fut jété dans une prison où on le laissa, dit-on, mourir de faim. Ses frères furent pareillement emprisonnés; les autres membres de sa famille s'enfuirent en Lithuanie.

Le roi de Pologne crut que la minorité de Jean IV lui laisserait les moyens de reconquérir les provinces qu'il avait perdues sous le règne antérieur; mais, après deux à trois ans d'hostilités où l'avantage fut le plus souvent pour les Moscovites, il fallut conclure une trêve qui laissa les choses telles qu'elles étaient auparavant.

Les seigneurs moscovites, qui n'avaient pas voulu être soumis à un prince étranger, ne supportaient pas avec plus de résignation le joug du favori Telannef.

Hélène mourut sur ces entrefaites; et comme elle était encore jeune et pleine de santé, on dit qu'elle avait été empoisonnée. Sept jours après cette mort, Vassili Schouiski, issu des anciens princes de Souzdal. s'empara de la personne du jeune prince, alors âgé de sept ans, et emprisonna tous ceux qu'il soupçonna d'avoir obtenu par un moyen quelconque l'affection du jeune prince. Telannef ne fut pas épargné; il périt du même supplice qu'il avait fait subir lui-même à Michel Glinski et à ses deux frères.

Il y avait au conseil un membre qui pouvait balancer l'influence de Schouiski et de son frère Jean: c'était Démétrius Belski. Les trois seigneurs se liguèrent, unirent leurs familles par des mariages, et formèrent ensemble une espèce de triumvirat qui devait se partager le pouvoir. Mais Vassili, qui en usait d'une manière despotique et qui avait même jeté dans un cachot un frère de Démétrius Belski, ne tarda pas à payer son tribut à la nature; on croit aussi qu'il fut empoisonné; son frère Jean le remplaça, et comme il était dominé par l'avarice et la cupidité, tous les trésors de l'Etat furent livrés à sa rapacité ou à celle de ses parents et de ses amis. Il se conduisit au surplus avec tant de tyrannie, qu'il se forma contre lui dans le conseil même un parti nombreux, qui, soutenu par beaucoup de boyards, fit passer Jean Belski de la prison au gouvernement de l'Etat.

Les choses changèrent alors de face; bien des abus furent corrigés, les relations extérieures devinrent plus honorables, les Tartares qui avaient tenté d'envahir la Russie furent repoussés, et la paix régna à l'intérieur; Belski ne se piquait pas moins de fermeté et de courage que de modération et de douceur. Cependant Schouiski avait reçu le commandement d'une armée qui devait agir contre les Kazanais, et Schouiski, au lieu de remplir sa mission, tâcha de gagner ses officiers et ses troupes; après s'être fait prêter serment de fidélité, il se porta rapidement sur Moscou, où il avait des intelligences. Le 3 janvier 1542, les conjurés entrèrent dans le Kremlin, se saisirent du prince et de Belski, du métropolitain et de plusieurs autres personnes. Jean eut beau verser des larmes et demander grâce pour Belski, celui-ci et tous ses partisans furent emprisonnés, et le lendemain, lorsque Schouiski fut rentré dans Moscou, il fit assassiner Belski dans son cachot.

Jean, âgé alors de treize ans, commença bientôt de se montrer fatigué de la tyrannie des Schouiski ; ses deux oncles, Youri et Michel Glinski, ayant survécu au désastre qui venait de frapper leurs trois frères, s'unirent en secret au nouveau métropolitain pour renverser les Schouiski. On commença par s'emparer de l'esprit de Jean et par l'exalter, en lui parlant de sa toute-puissance, et de la dépendance humiliante où on le tenait. Quand on se fut bien assuré de la coopération du prince, le complot éclata. Jean manda les boyards, se plaignit du traitement qu'on lui faisait subir, de même qu'à tous ceux qui avaient paru affectionnés à sa personne. Il finit par ordonner le supplice d'André Schouiski, frère de Jean ; les mesures étaient prises d'avance pour qu'il fût obéi. André fut livré vivant aux chiens, qui le dévorèrent ; dès ce moment ce furent les Glinski qui dominèrent, mais le peuple n'y gagna rien : c'était tyrannie pour tyrannie.

Dès que Jean fut entré dans sa dix-huitième année, il montra le désir de prendre une épouse et d'être couronné. Le couronnement se fit avec beaucoup de pompe dans la métropole de Moscou (1546), et le choix du souverain, qui avait déclaré ne vouloir épouser qu'une femme russe, tomba sur la fille d'un boyard nommée Anastasie. Ce prince avait reçu de la nature un instinct de cruauté que l'éducation et les circonstances avaient contribué à développer. Ses divers tuteurs ou précepteurs n'avaient cherché qu'à l'abrutir, à le maintenir dans la plus complète ignorance, et à lui inspirer l'éloignement des affaires. Il se plaisait, dit-on, à ordonner pour les moindres choses des supplices atroces ; quand il allait à la chasse ou qu'il en revenait, c'était toujours à cheval, et il aimait à renverser tous ceux que leur mauvaise étoile plaçait sur sa route, écrasant sans pitié les vieillards, les femmes et les enfants. Le métropolitain et sa femme Anastasie faisaient tous leurs efforts pour adoucir son caractère; mais le naturel, fortifié par une longue habitude, l'emportait toujours sur les remontrances de sa femme et du prélat.

Un incendie, peut-être fortuit, peut-être fruit de la malveillance, ayant consumé la ville de Moscou, dont toutes les maisons étaient de bois, les Schouiski et leurs partisans accusèrent publiquement les Glinski d'être les auteurs du mal. Aussitôt la populace furieuse se mit à la poursuite des prétendus coupables. L'un d'eux, trouvé dans une église, fut massacré, plusieurs de leurs amis eurent le même sort. Le grand-prince s'était retiré dans son palais de Voroblef avec sa vertueuse épouse. Pour tâcher de le ramener à des idées plus saines, on profita, dit-on, de la disposition d'esprit où l'avait mis le désastre de Moscou, et on fit paraître tout à coup devant lui un homme qui, d'un ton d'inspiré, lui dit que c'était le feu du ciel qui dévorait sa capitale, et que le courroux seul de l'Eternel agitait le peuple. Cet homme ouvrit ensuite devant lui l'Evangile, et lui montra quelque passage adapté aux circonstances. Le prince, ajoute-t-on, tout baigné de larmes, le conjura de ne pas l'abandonner; et l'homme, qui était un moine nommé Sylvestre ou Alexis, ne le quitta plus en effet, s'attachant constamment à lui donner une meilleure direction. Pour mieux réussir, il se lia avec un seigneur nomme Adachef, que le grand-prince affectionnait beaucoup.

On peut dire que la domination anarchique des boyards cessa dès ce moment; car le favori et le religieux, guidés eux-mêmes par le clergé, s'appliquèrent à corriger les abus et à améliorer les institutions. Ce fut par leurs soins que Jean, qu'on voit prendre le titre de tzar sans renoncer à celui de grand-prince, publia un recueil de lois suivi d'un règlement relatif à la hiérarchie civile; un autre règlement fut promulgué pour les ecclésiastiques. Le grand-prince multiplia aussi les écoles publiques, et il attira auprès de lui des savants et des artistes allemands.

Quand la paix intérieure fut bien établie, on entreprit de réduire les Tartares de Kazan et de la Crimée, qui, par leurs fréquentes incursions dans les provinces méridionales de la Russie, avaient converti ces provinces en un désert. Déjà depuis plusieurs années on avait essayé de les contenir; on avait construit des forteresses, on s'était ligué avec les Cosaques du Don, qui pour la première fois se montrent sur la scène (1), on avait même en plusieurs occasions fait marcher des troupes; mais toutes ces menées n'avaient rien produit, et les déprédations continuaient. Le tzar, bien convaincu qu'il fallait faire à ces peuples une guerre à outrance, rassembla une armée qu'on dit de cent cinquante mille hommes, et, se mettant à sa tête, marcha contre Kazan en personne (1552). Le kan, plein d'audace et de courage, s'enferma dans la ville avec ses Tartares, en défendit pied à pied les approches, fit de vigoureuses sorties, opposa la plus vive résistance; mais il fut à la fin contraint de capituler. Presque tous ses soldats avaient péri; quelques-uns tentèrent de faire une trouée à travers l'armée moscovite, ils furent tous enveloppés et tués. Jean fit son entrée solennelle à Kazan dans les premiers jours d'octobre; son retour à Moscou fut une marche triomphale.

Mais, à peine arrivé, il fut attaqué d'une épidémie qui s'était manifestée à Pskoff. Son état devint même si critique, qu'on s'occupa de lui chercher un successeur. Après une agonie de quarante-huit heures, le tzar se rétablit contre toute espérance. Ceux qui s'étaient prononcés contre la volonté du souverain, lequel avait désigné pour lui succéder son fils Démétrius encore au berceau, s'attendaient à être persécutés et punis; Jean parut avoir tout oublié avec les souvenirs de son mal, et il eut pour ces courtisans peu fidèles la même confiance qu'il leur avait témoignée auparavant.

Les Moscovites avaient poursuivi leurs succès mili-

(1) Il paraît que ces Cosaques n'étaient dans l'origine que des Russes qui s'étaient établis dans les camps abandonnés de Bati, au confluent du Don et du Volga; ils avaient épousé des femmes tcherkesses, et les enfants issus de ces mariages avaient reçu de leurs mères les traits asiatiques. Ils étaient restés chrétiens, et vers le milieu du XVIIe siècle ils se soumirent à la domination moscovite.

taires; tout le pays de Kazan fut aisément subjugué; la ville d'Astrakan ouvrit ses portes; la Sibérie occidentale se soumit, et bientôt les armes russes pénétrèrent jusqu'au fond du Kamtchatka; la plus grande partie de la Livonie subit pareillement le joug; le sultan déclara renoncer à la souveraineté de Kazan, et Gustave Vasa, qui, pour consolider son trône, voulait entraîner les puissances du Nord dans une ligue contre la Russie, échoua dans son entreprise.

Toutes les améliorations qui s'étaient opérées dans les diverses branches de l'administration civile et militaire étaient l'ouvrage du moine Alexis, soutenu par la tzarine Anastasie, qui tant qu'elle vécut conserva sur son mari un utile ascendant. Lorsque cette princesse eut cessé de vivre et le tzar de la pleurer, il commença par montrer au moine Alexis et à son favori Adachef qu'ils lui étaient devenus l'un et l'autre odieux. Alexis se retira dans un cloître, Adachef eut un commandement dans la Livonie. Ceux qui jusque-là s'étaient montrés dévoués à ces deux hommes, devenus ennemis après leur chute, les accusèrent de trahison, de magie et du meurtre d'Anastasie: Jean ordonna leur supplice.

Ce fut là son début dans la carrière de sanglant despotisme qui lui restait à parcourir. De tous côtés on ne voyait que des échafauds. Toute accusation était accueillie et produisait un arrêt de mort. Dans les premiers temps, Jean avait quelquefois des remords; mais bientôt il parut avoir abjuré tout sentiment de compassion et d'humanité. Sa conduite, si différente de ce qu'elle avait été, l'avait rendu pour ses propres sujets un objet de terreur, et les victoires de ses armées le faisaient redouter par les étrangers. Tout à coup, comme s'il eût été fatigué de carnage et de proscriptions, il partit pour Alexandrouski sans avoir parlé du but de son voyage, et de cette ville il écrivit au métropolitain de Moscou qu'il avait découvert un complot dirigé contre sa vie par la noblesse, et qu'en conséquence il était dans l'intention d'abdiquer. Le peuple s'alarma en songeant à l'anarchie qui allait suivre l'abdication. On lui envoya députés sur députés pour le prier de rentrer dans sa capitale ; il eut l'air de se laisser fléchir, mais il exigea qu'on le laissât maître de punir tous les traîtres. Il rentra dans Moscou, et les bourreaux ne suffirent pas aux nombreuses exécutions que le tzar ordonna (1569).

Pour se faire une garde dévouée, il établit l'*apritchnina*. On donne ce nom au domaine particulier qu'il se fit en prenant arbitrairement trente villes du royaume et plusieurs rues et dépendances de Moscou. Il choisit ensuite mille hommes auxquels il donna dans *son domaine* tous les biens qui s'y trouvaient compris, et dont les anciens propriétaires furent dépossédés. Chaque donataire eut le nom d'*apritchnik*, et jouit d'un crédit sans bornes. Outre ces mille serviteurs, Jean créa une légion de six mille soldats d'élite, auxquels il donna les biens de dix à douze mille propriétaires qu'il envoya s'établir au loin. Bientôt, ne se croyant pas en sûreté au Kremlin, il fit construire dans un des faubourgs de la ville un château fort ; il en eut un autre à Alexandrouski.

Il serait trop long de parler de toutes les victimes que Jean immola moins à sa sûreté qu'à ses caprices, des habitants de Torjeck qu'il fit noyer par milliers, de ceux de Vologda, de Novgorod et de Pskoff qu'il fit massacrer, de son cousin Uladimir, fils d'André, qui fut empoisonné avec sa femme et ses enfants : contentons-nous de dire que Jean surpassa peut-être en barbarie les Commode, les Néron et les Caligula.

La guerre continuait toujours dans la Livonie et dans la Crimée. Pendant que les principales forces des Russes étaient dans le nord, le kan de Crimée, suivi d'une nuée de Tartares, envahit les provinces méridionales, et marcha sur Moscou, dont il brûla les faubourgs (1571) ; on dit que cent vingt mille habitants ou soldats périrent dans cet incendie. Jean acheta par des concessions la retraite des Tartares ; mais dans le nord ses troupes battaient les Suédois et les Polonais. Sur ces entrefaites, le trône de Pologne étant resté vacant par la mort du roi Sigismond-Auguste, Jean brigua cette couronne ; mais les Polonais repoussèrent ses prétentions ; ils élurent d'abord le duc d'Anjou (Henri III de France), et, après lui, le fameux Etienne Battori, qui fit aux Russes une guerre acharnée, dans laquelle ils perdirent la Livonie.

Le tzar avait eu quelques rapports avec l'empereur d'Allemagne à l'occasion de l'élection du roi de Pologne; un accident imprévu le mit en relation avec le roi d'Angleterre. Quelques navigateurs anglais cherchant un passage au nord-est à travers la mer Glaciale pour aller dans l'Inde, firent naufrage sur la côte où se trouve aujourd'hui Archangel. Le tzar, après s'être informé par eux de leur pays, de sa puissance, de ses produits, leur donna libéralement les moyens de regagner leur patrie. Dès ce moment une correspondance amicale s'était établie entre Jean et Edouard VI. Cette correspondance se continua sous Elisabeth, qui en profita pour agrandir ses relations commerciales. Il fut même question d'un mariage entre le tzar et une parente de la reine.

Ce prince avait eu six ou sept épouses, malgré les canons russes, qui défendent de convoler en quatrièmes noces. Dans les commencements, il déclarait qu'il ne pouvait vivre dans le célibat, et il obtenait d'une assemblée de prélats, qui n'osaient la lui refuser, l'autorisation de se marier; plus tard il se passa d'autorisation. Ces épouses lui donnèrent plusieurs enfants. Jean, son fils aîné, avait les mêmes goûts, les mêmes penchants; il jouissait de toute la confiance de son père, et ce fut de la main de ce père insensé qu'il périt.

Le jeune prince voyait avec peine les succès d'Etienne Battori : il demanda un jour à son père le commandement de l'armée destinée contre lui. Jean crut voir dans cette demande l'aveu d'un attentat contre son trône. « Quoi! s'écria-t-il avec fureur, toi aussi tu veux me détrôner! » et, sans attendre sa réponse, il se précipite sur son fils, et d'un bâton ferré qui lui servait de sceptre il lui porta sur la tête plusieurs coups si violents, qu'il le renversa demi-mort et baigné dans son sang; le prince mourut cinq à six jours après. Jean ne tarda pas à se repentir de son crime; les remords, les regrets déchirèrent son cœur, et le temps qu'il vécut encore il le passa dans un état de souffrance morale qui nécessairement en abrégea la durée. Il succomba vers la fin de l'hiver de 1584.

Jean IV emporta les regrets des Moscovites. Ses coups, en général, n'avaient porté que sur les grands; le peuple avait été ménagé, cela explique les larmes répandues sur son cercueil. Il avait désigné avant de mourir son fils Fédor, âgé de vingt-sept ans. Il était faible d'esprit et de corps, comme son père l'avait annoncé en créant pour lui un conseil de cinq membres, chargés de le diriger, ou, en d'autres termes, de gouverner. C'étaient le prince Mstislafski, le doyen des boyards et des waivodes; Nikita Romanovitch Yourief, frère d'Anastasie, oncle de Fédor; le prince Schouiski, homme d'État et bon capitaine; Belski, ancien favori de Jean IV, et Boris Godounof, qui paraissait lié d'intérêt et d'amitié avec Belski.

Le premier acte du conseil fut de chasser de la ville ou d'emprisonner tous les anciens instruments du despotisme de Jean IV, et de surveiller les Nagois, parents de la veuve du tzar, Marie, lesquels auraient voulu porter sur le trône l'enfant Démétrius, fils de cette dernière (1). Le conseil, voulant ensuite gagner le peuple, convoqua une assemblée composée de membres de tous les ordres de l'État; on devait lui soumettre pour première question le dégrèvement ou diminution de l'impôt. Mais soudain le bruit se répandit que Belski avait empoisonné Jean IV, et qu'il voulait de même empoisonner Fédor et tous les boyards, pour élever au trône son ami Godounof. Ces bruits et le soulèvement qu'ils produisirent étaient l'ouvrage de Schouiski. Belski fut envoyé à Nijni-Novgorod en qualité de gouverneur, et le conseil resta réduit à quatre membres.

Schouiski avait agi dans l'intérêt du prince Yourief; mais un autre recueillit le fruit de la révolution qu'il avait causée : ce fut Godounof: celui-ci était frère de la tzarine Irène, qui gouvernait à son gré son faible

(1) Démétrius, fils d'Anastasie, était mort en bas âge depuis très-longtemps.

époux, et à son tour était gouvernée par l'adroit Godounof. Fédor fut couronné le 31 mai 1584, et il signala le jour de cette cérémonie par la diminution de l'impôt, la délivrance de tous les prisonniers de guerre, la mise en liberté de tous les détenus politiques, dont quelques-uns gémissaient depuis vingt ans dans les cachots, et il conféra le titre de boyard à divers parents et amis de Godounof, qui lui-même fut nommé *grand écuyer, grand boyard, lieutenant des royaumes de Kazan et d'Astrakan.* Il lui donna, outre cela, tant de terres et de revenus, que Godounof se vit en état de lever à ses frais et d'entretenir cent mille soldats Pour mettre le comble à tant de faveurs, Fédor plaça sur la tête de son beau-frère le titre de régent, et ce fut Godounof qui en effet gouverna l'empire; les trois autres membres du conseil ne conservèrent qu'une autorité nominale.

Il faut convenir, au surplus, que le gouvernement de Godounof, sage, modéré, prévoyant, était le plus propre à guérir les maux qu'avait produits le despotisme sanguinaire de Jean IV Il remplaça les fonctionnaires inhabiles ou prévaricateurs, paya exactement les employés pour les mettre à l'abri de la corruption, punit la malversation partout où elle se montra, réorganisa l'armée, apaisa des révoltes, subjugua les pays suspects en y construisant des forteresses, reconquit la Sibérie, entretint la bonne intelligence avec l'Angleterre, et fit respecter la Russie par la Pologne. Une conspiration contre la vie du régent, heureusement découverte, ne coûta la vie à aucun des conjurés; le régent se contenta d'exiler les plus coupables. La paix avec la Suède et le Danemark fut maintenue; on assure que les ministres de l'empereur d'Allemagne, Rodolphe, communiquèrent à l'ambassadeur russe un plan de partage de la Pologne; mais Godounof voulait attendre que l'âge eût complétement détruit, ou affaibli du moins, l'activité, le courage et le génie de Battori. D'un autre côté, le prince de Géorgie se déclarait tributaire des Russes, et Godounof s'alliait avec la Perse, tout en contraignant la Turquie à respecter ses frontières. Pendant ce temps, le régent, qui ne négligeait point l'administration intérieure, bâtissait des villes et dotait de monuments publics celles qui déjà existaient.

Après la mort de Battori, arrivée en décembre 1586, trois concurrents se disputèrent sa couronne : Sigismond, prince et héritier présomptif du royaume de Suède; Maximilien d'Autriche et le tzar Fédor. Le parti de ce dernier, plus nombreux, l'aurait emporté si Fédor eût voulu abjurer le schisme grec pour la religion catholique; ce fut Sigismond qui fut élu. Godounof, craignant alors que la réunion des couronnes de Suède et de Pologne sur la même tête ne lui donnât un voisin trop puissant, s'attacha particulièrement à fomenter en Suède les causes d'antipathie qui existaient entre Sigismond catholique et le sénat luthérien de Stockholm; dans le même temps il envahissait la Finlande et l'Esthonie, et les Suédois, obligés de solliciter une trêve, perdirent tout ce qu'ils avaient précédemment conquis au delà de leurs frontières.

Godounof, qui s'était assuré de la coopération du clergé en élevant une de ses créatures à la charge éminente de métropolitain de Moscou, voulut que ce métropolitain acquît une plus grande influence, soit en devenant indépendant sous le titre nouveau de patriarche, soit en exerçant une suprématie non contestée sur tout le clergé russe. Après trois ans d'intrigues, il fut décidément réglé que le patriarche de Moscou prendrait rang après ceux de Constantinople et d'Alexandrie, mais avant ceux d'Antioche et de Jérusalem. On donna ensuite des métropolitains à Novgorod, Kazan, Rostof et Kroutisk; des archevêques à Vologda, Souzdal, Nijni-Novgorod, Smolensk, Rézan et Tver, et des évêques à huit autres villes.

Depuis longtemps le régent avait formé le dessein de monter sur le trône s'il survivait à Fédor, dont la santé chancelante annonçait la fin prochaine; mais entre le trône et lui s'élevait le jeune Démétrius, fils de Marie, dernière épouse de Jean; toute sa famille avait été reléguée avec lui-même à Ouglitch; Godounof l'y fit assassiner. C'est le seul crime qu'on lui reproche, mais ce crime souleva contre lui la nation entière. Ce ne fut qu'avec beaucoup d'art et de peines qu'il parvint à reconquérir la confiance et la faveur publiques. La fortune lui offrit bientôt les moyens de se faire absoudre. Un incendie dévora tout Moscou ; il le reconstruisit en entier à ses frais, et il rendit aux habitants des maisons neuves pour celles que le feu avait consumées. Presque aussitôt le kan de Crimée, informé que toutes les forces des Moscovites se trouvaient dans le nord, arriva par des marches rapides jusqu'aux murs de Moscou. La ville était sans défense ; mais Godounof versa des flots d'or, eut des soldats, créa une armée, força les Tartares à se retirer, les poursuivit dans leur retraite et leur tua beaucoup de monde. Le peuple de Moscou attribua au régent, et cela était juste, tout l'honneur de cette victoire, ce qui augmenta la reconnaissance qui lui était déjà due pour la reconstruction de la ville.

Irène n'avait pas eu d'enfants, son frère comptait qu'elle n'en aurait point ; une grossesse à laquelle on ne s'attendait point faillit renverser toutes ses espérances. Heureusement Irène ne mit au monde qu'une fille, qui mourut au bout de quelques mois ; de sorte que, lorsque Fédor mourut lui-même (janvier 1598), Godounof aurait pu sans obstacle monter sur le trône, s'il n'avait voulu paraître forcé d'y monter. Fédor, par un testament qu'il lui avait dicté, nommait pour lui succéder sa veuve Irène, et lui donnait un conseil de régence composé du patriarche, de Fédor Romanof, Yourief, son cousin, et de Godounof, son beau-frère. On n'avait jamais vu en Russie une femme occuper le trône ; les habiles manœuvres de Godounof firent accueillir cette innovation sans murmure ; mais, au moment où l'on allait procéder aux cérémonies du couronnement, on déclara que la tzarine, que rien ne pouvait consoler de la mort de son époux, renonçait au monde pour s'enfermer dans un cloître.

Le même jour, en effet, c'était le dixième depuis la mort de Fédor, elle prit le voile sous le nom d'Alexandra. Le rusé Godounof annonça aussi qu'il allait prendre l'habit religieux. Le peuple alors se mit à crier : *Puisque Irène refuse l'empire, que son frère le prenne!* Mais il ne suffisait pas à Godounof de l'adhésion du peuple de Moscou, il voulait celle de la Russie entière; et continuant de jouer la comédie, comme cela s'est vu quelquefois en pareilles circonstances, il résista ou, pour mieux dire, eut l'air de résister à toutes les instances. Pour se faire mieux prier, il fit répandre adroitement le bruit que le kan de Crimée préparait une terrible invasion; alors arrivèrent de toutes parts des députations; une assemblée de notables des villes, nobles, bourgeois, marchands, ecclésiastiques, se réunit à la hâte; il y fut décidé que Godounof serait de nouveau prié d'accepter l'empire; cette décision fut prise par acclamation, et le patriarche, en la notifiant à Godounof, *le menaça d'excommunication* s'il persistait dans ses refus. Godounof se rendit à tant de vœux, comme on doit bien le croire; il se laissa proclamer tzar de Russie, mais il ne renonça pas à son système de dissimulation.

Il avait continué de séjourner auprès de sa sœur, et quoiqu'il fût réellement à la tête des affaires, le peuple murmurait de ne point le voir au Kremlin. Tout à coup, et lorsqu'on s'y attendait le moins, il parut dans Moscou armé de toutes pièces, appelant aux armes les braves Moscovites. Il savait par des avis certains, disait-il, que le kan de Crimée, renforcé par une innombrable armée de Tartares, se disposait à pénétrer en Russie. Des ordres transmis rapidement dans toutes les provinces de l'empire, et sur-le-champ exécutés, appelèrent sous les drapeaux tous ceux qui étaient tenus au service militaire. On dit que cinq cent mille hommes (calcul probablement exagéré) se réunirent dans les plaines de l'Oka, avec un immense train d'artillerie. On passa plus d'un mois à attendre l'ennemi, qui ne parut point. Le kan, au contraire, épouvanté de ces préparatifs, qu'il croyait destinés contre lui, envoya des ambassadeurs à Godounof pour demander la paix. Godounof l'accorda à des conditions avantageuses pour la Russie et retourna triomphant à Moscou. Il avait trouvé, dans ce dernier acte du drame qu'il jouait depuis si longtemps, l'occasion de s'assurer du dévouement de l'armée, de montrer sa puissance aux Tartares et à ses autres voisins, d'imposer à ses ennemis du dedans, s'il en avait, et de montrer à tous sa libéralité en répandant sur tous ses largesses. Ce fut au retour de cette expédition singulière que Godounof permit qu'on procédât à son couronnement, qui eut lieu le 1er septembre 1598.

Godounof se montra digne du trône qu'il avait tant convoité : il réunit les qualités du guerrier et de l'homme d'Etat à toutes les vertus domestiques, aussi sut-il maintenir la Russie en paix au dedans et au dehors, et favoriser les progrès en tout genre. Une trêve de vingt ans fut conclue avec la Suède, qui s'était donné pour souverain le duc Charles, oncle du roi de Pologne Sigismond, et il entretint entre ces deux princes une rivalité qui assurait de ce côté le repos de la Russie. Il conserva des relations amicales avec l'empire d'Allemagne et l'Angleterre ; il permit aux villes hanséatiques de rétablir les comptoirs qu'elles avaient eus à Novgorod et à Pskoff; enfin il fit avec le Danemark un traité particulier de commerce. Du côté de l'orient, il n'avait rien à craindre : la Turquie avait assez de peine à se défendre contre la Perse ; les Nogaïs lui étaient soumis, et la Perse n'avait tout au plus qu'un vain titre à lui contester, celui de suzerain de la Géorgie.

Pour devenir le restaurateur ou plutôt le créateur de la Russie, Godounof n'avait plus qu'à propager l'instruction par le moyen d'universités et d'écoles publiques ; mais il trouva dans le clergé une opposition si ferme et si opiniâtre, que, désespérant de la vaincre, il dut ajourner ses projets Tandis qu'il n'était encore que régent, il avait déclaré par un ukase les paysans attachés à la glèbe. Cette ordonnance n'avait été rendue que dans l'intérêt des propriétaires, qui se plaignaient que souvent leurs terres se trouvaient privées de laboureurs, par la faculté qu'avaient les paysans de se transporter librement d'un lieu à un autre. Devenu tzar, Godounof songea davantage au peuple, l'ukase reçut une modification importante : la liberté fut rendue aux paysans, mais deux seulement tous les ans pouvaient l'obtenir.

Tout semblait annoncer un long règne de prospérités ; toutefois, au bout d'environ trois ans, Godounof, poussé probablement par de graves considérations, sévit, sous prétexte de complots, contre un grand nombre de seigneurs, presque tous parents ou alliés de Jean IV, ou d'Anastasie sa première épouse. Cependant le sang ne coula point : les coupables ou accusés furent exilés. Michel Romanof, à qui le trône était destiné plus tard, fut au nombre des proscrits ; et en cela Godounof eut tort ; il devait savoir qu'en politique les demi-mesures ne produisent guère que le mal, parce qu'elles ne satisfont personne et qu'elles ne mettent pas les malintentionnés dans l'impuissance d'agir. Ce fut ce qui arriva pour lors en Russie. Ceux que le tzar épargna profitèrent de sa clémence, qui peut-être ne leur sembla que de la faiblesse, pour le dénigrer. Et comme sur ces entrefaites la famine se fit sentir en Russie, ils le peignirent au peuple superstitieux comme un ennemi de Dieu, qui, par ses iniquités, attirait sur le pays le courroux céleste. Godounof prit des mesures efficaces pour ramener l'abondance, et il y réussit ; mais il ne put pour cela imposer silence à ses ennemis.

Une calamité nouvelle vint fondre alors sur la Russie. Une ancienne ordonnance déclarait esclave tout individu qui servait le même patron pendant dix mois. Les seigneurs et les grands propriétaires avaient abusé de cette ordonnance et jeté dans la servitude une infinité de personnes. Un grand nombre de ces esclaves s'étaient retirés chez les Cosaques. Là ils s'organisèrent en bandes, et ils parcoururent la Russie dans tous les sens, en se livrant à toute sorte d'excès. Ils parurent même en si grand nombre dans les environs de Moscou, qu'il fallut envoyer contre eux une armée. Les insurgés furent battus ; tous les prisonniers qu'on fit furent pendus, et la tranquillité fut rétablie. Mais à peine ce résultat fut-il obtenu, qu'un dangereux complot, venant à éclater, mit en péril le trône de Godounof.

Un jeune aventurier nommé Youri Otrépief, après avoir servi à l'armée, s'être fait moine, s'être attaché au patriarche Job en qualité de secrétaire, avoir fréquemment suivi son maître au palais, où il eut souvent occasion d'entendre parler de Démétrius Ivanovitch, se mit dans la tête, ou plus probablement se laissa suggérer l'idée de passer pour ce prince, qui, par un miracle, aurait échappé au fer des meurtriers. Quand il fut bien déterminé à se charger du rôle périlleux de faux prince, il étudia le polonais et le latin, se mit parfaitement au fait des allures et des habitudes de Démétrius, fut reconnu par deux hommes probablement apostés, se présenta au roi Sigismond, qui permit aux seigneurs de sa cour d'armer en sa faveur, s'engagea envers le nonce du pape à favoriser la réunion des deux églises, abjura même secrètement entre ses mains, se mit à la tête de quelques bandes polonaises auxquelles se joignirent des déserteurs moscovites et la plus grande partie des Cosaques du Don, et enfin pénétra en Russie le 16 octobre 1604.

Beaucoup de villes se prononcèrent pour le nouveau tzarevitch Démétrius ; il trouva dans Tchernigof de l'argent et des canons, il soumit en peu de temps toute la Russie méridionale. Cependant Godounof ne perdait pas un moment, et, *après avoir fait excommunier l'imposteur*, il envoya contre lui une armée de cinquante mille hommes. Otrépief fut battu, mais non découragé ; il avait déployé dans le combat la plus grande bravoure, et il s'occupa de rallier ses partisans, afin de tenter de nouveau la fortune. On dit que Godounof prononça quelques paroles *de mécontentement et de menace* contre ses généraux, qui avaient laissé l'imposteur s'échapper. Quoi qu'il en soit, le 13 avril 1605, en sortant de table, il fut frappé d'*un mal subit*, si violent qu'au bout de deux heures il expira dans sa cinquante-troisième année.

Fédor Bérissovitch Godounof, son fils, lui succéda. Ce prince n'avait que seize ans, et il paraissait doué de tous les dons de la nature. Aux avantages extérieurs il réunissait les qualités d'une belle âme, et cependant cet infortuné fils de Godounof ne monta sur le trône que pour s'en voir renversé presque au même instant, et il n'entra dans la vie que pour en sortir d'une manière tragique, encore adolescent. Les grands et les généraux venaient à peine de prêter le serment de fidélité, ils donnèrent le premier exemple de la défection. Toute l'armée se rendit auprès d'Otrépief, qui en envoya une partie sur Moscou et licencia l'autre : il s'avança lui-même vers la ville avec ses bandes polonaises. L'agitation dans Moscou était au comble ; un peu de vigueur et de fermeté aurait pu encore sauver le jeune tzar ; mais le conseil ne sut ou ne voulut prendre aucune mesure. Profitant de cette inaction, quelques marchands se transportèrent sur la place publique, lurent au peuple les proclamations d'Otrépief, le firent proclamer tzar, et, suivis d'une populace égarée, se transportèrent au palais aux cris de vive Démétrius, en arrachèrent Fédor et sa mère avec sa sœur Xénie, et les emprisonnèrent dans la maison de Godounof, au Kremlin. Le prince Galitzin, qui n'avait pas été un des derniers à reconnaître dans Otrépief son souverain légitime, arriva le même jour à Moscou, porteur d'ordres de son nouveau maître. En vertu de ces ordres, Fédor et sa mère furent étranglés immédiatement ; le patriarche Job fut arrêté comme il célébrait l'office divin. Quant à la belle Xénie, elle fut réservée pour être offerte au nouveau souverain.

Otrépief fit son entrée solennelle à Moscou le 20 juin 1605, accompagné de toute la noblesse, de tout le clergé chantant des hymnes, et d'une populace immense. Un orage subit, qui mit le cortége momentanément en désordre, fut regardé comme un présage sinistre. Cependant le faux Démétrius joua son rôle avec tant de naturel, qu'un nombre infini de personnes furent complétement séduites ; il paraissait né d'ailleurs pour conduire une administration ; on n'eut guère à lui reprocher que la partialité qu'il montra pour les Cosaques du Don, qui les premiers avaient appuyé ses prétentions, et pour les Polonais, qu'il avait introduits à sa suite dans le temple saint, *bien qu'ils fussent hérétiques.*

Il s'agissait pour le faux Démétrius de se faire sacrer et couronner; mais il restait une épreuve préliminaire à subir; elle était délicate. La mère de Démétrius, Marie, veuve de Jean IV, vivait encore; il fallait être reconnu par elle; et quelle apparence qu'elle pût se prêter à une telle reconnaissance, elle qui avait tenu dans ses bras le corps inanimé de son fils! On dit qu'il lui fit proposer l'alternative de la reconnaissance ou de la mort. Une entrevue fut convenue; Otrépief alla au-devant de *sa mère*, et celle-ci, après l'entrevue, le traita comme son fils. Elle eut aussitôt une cour brillante, et sa résidence fut établie à Moscou; mais *son fils*, qui sans doute craignait ses indiscrétions ou ses remords, l'entoura de personnes dévouées.

Le couronnement eut lieu le 21 juillet. Otrépief permit qu'un jésuite polonais le complimentât en latin; c'était une innovation, et par conséquent une imprudence; ce ne fut pas la seule qu'il commit. Livré tout entier à l'impulsion d'un tempérament ardent et d'une imagination déréglée; prodigue des trésors de l'Etat; heurtant de front les usages des Russes; affectant l'air, le tôn et le costume des Polonais, il préparait lui-même la révolution qui devait le précipiter du trône. Un moine du couvent de Tchoudof prétendit l'avoir vu novice et même lui avoir appris à lire; le boyard Schouiski, que Godounof avait envoyé à Ouglitch après le meurtre de Démétrius, assura qu'il avait vu le prince mort. Le moine fut secrètement assassiné dans une prison; le boyard fut jugé avec beaucoup d'appareil, et, malgré les tortures qu'on lui fit subir, il persista dans ses déclarations. Il fut condamné au dernier supplice, mais on craignit d'exécuter la sentence; la tzarine, *mère de Démétrius*, demanda grâce, et Schouiski fut enfermé dans un monastère.

Peu de temps après, à l'occasion de son mariage avec Marine, fille d'un seigneur polonais, Démétrius annonça de grandes fêtes pour le peuple de Moscou, et il rappela les Schouiski. Celui qu'il avait fait condamner devint même son favori. A cette imprudence il joignit celle de persécuter le clergé pour le dépouiller d'une partie de ses biens. Schouiski n'avait paru attacher du prix à la faveur du faux tzar que pour pouvoir le perdre plus sûrement ; et cette fois il réussit mieux, parce qu'il fut appuyé par le clergé, par les nobles, et par une bonne partie du peuple, que l'inconduite et l'insolence des Polonais exaspéraient de plus en plus.

Les conjurés avaient fixé pour l'exécution le jour des fêtes du mariage. Quand ce jour approcha, Schouiski assembla dans sa maison ses complices, seigneurs, généraux, magistrats : tous répondirent de leurs subordonnés, vassaux, soldats, citoyens ; tous jurèrent de verser le sang de l'imposteur. Cependant le tzar recevait des avis nombreux de ce qui se tramait ; et soit qu'il n'ajoutât point foi à ces révélations, soit qu'il comptât sur sa fortune et sur la prédiction d'un astrologue qui lui avait promis trente-quatre ans de règne, il ne voulut prendre aucune précaution. Le 16 mai 1606, un corps de dix-huit mille hommes entra clandestinement dans Moscou pour se joindre aux conjurés déjà maîtres de douze portes de la ville ; le 17 au point du jour, le tocsin de l'église Saint-Elie donna le signal convenu. En un instant les rues et les places publiques se remplirent d'hommes armés. Schouiski ne tarda pas à paraître, l'épée d'une main et un crucifix dans l'autre.

Le palais fut envahi. Otrépief était courageux, il se présenta aux assaillants ; il tenta de leur parler ; une décharge de mousqueterie l'avertit qu'on ne voulait pas l'entendre. Alors il rentra dans le palais, et, se sentant poursuivi, il se sauva de chambre en chambre jusqu'à ce que, près d'être atteint, il se précipita par une croisée. Un poste de strélitz, étrangers au complot, le prit d'abord sous sa garde, et refusa de le livrer au peuple ; mais bientôt arriva la déclaration formelle de la tzarine Marie, que son fils était mort, et que le tzar n'était qu'un imposteur. C'était prononcer son arrêt ; il fut tué de deux coups de fusil, et son cadavre, traîné sur la place publique, y demeura exposé pendant trois jours aux insultes de la populace. La mort de l'imposteur fut le signal du massacre des Polonais. On en égorgea plus de mille ; les boyards sauvèrent le reste. La nuit qui suivit cette journée terrible fut tranquille, et le lendemain l'ordre parut rétabli.

CHAPITRE VIII

RÉTABLISSEMENT DE LA RACE DE RURICK.

Vassili Schouiski, sa chute, interrègne; changement de dynastie. Michel Romanof, Alexis, Fédor Alexievitch, les fils de Fédor et Sophie leur sœur.

1606 - 1696.

Schouiski n'avait rien négligé pour assurer son élection; il comptait sur elle avant même que le faux Démétrius eût péri victime de ses propres imprudences. Le 18 mai une assemblée de boyards, convoquée par lui-même, le désigna par acclamation pour occuper le trône vacant. Huit jours après il se fit couronner. Toutefois, malgré ses intrigues et son adresse, il n'avait pu rallier tous les partis. Il était, il est vrai, issu de Rurick par saint Uladimir, par Monomaque et Alexandre Newski; mais, d'un autre côté, il avait indisposé contre lui un grand nombre de boyards, d'officiers du palais, de gouverneurs, d'employés de tout genre qui, placés par le faux Démétrius, lui paraissaient suspects, et, comme tels, avaient perdu leurs emplois; le bruit se répandit en outre que Démétrius n'était pas mort; enfin plusieurs villes étaient en pleine révolte, et les paysans eux-mêmes, irrités par les vexations de la noblesse, avaient pris les armes sous les ordres de Bolotnikof.

Les paysans furent vaincus, mais les Cosaques, profitant des troubles de l'empire, commirent de grands ravages; ils s'étaient même emparés de Toula, où, pressés par le tzar, ils s'étaient renfermés. Après un siége opiniâtre, les Cosaques se rendirent, achetant leur salut de la vie de leurs chefs qu'ils livrèrent. Le tzar, vainqueur, n'en fut pas plus tranquille. Un second faux Démétrius surgit à Starodoub. C'était, dit-on, un diacre lithuanien nommé Jean, mais qui se présentait sous le nom d'André Nagui, d'origine à peu près inconnue, mis en avant par un seigneur polonais. Un jeune enthousiaste accepta la mission périlleuse de porter à Vassili la sommation de la ville de Starodoub de descendre du trône. Le malencontreux messager périt par le supplice du feu. L'imposteur se vengea par la prise de quelques places, qu'il abandonna sur l'avis que le tzar marchait contre lui. Le tzar, se croyant alors sans danger, licencia son armée. La Pologne n'abandonna pas l'aventurier Nagui; elle lui envoya des troupes et un général pour les commander. Les Cosaques du Don accoururent se ranger sous ses drapeaux; ils lui amenèrent un autre imposteur qui se disait fils du tzar Fédor; Nagui l'envoya au supplice. La ville d'Orel ouvrit ses portes au second Démétrius; les généraux du tzar furent battus et se sauvèrent à Moscou; Nagui demeura maître de la contrée, et vint camper à Touchino, à deux lieues de la capitale.

Nagui envoya des hérauts sommer les habitants de lui renvoyer tous les Polonais qui avaient été arrêtés à l'époque du meurtre du premier faux Démétrius; et, quand ses hérauts revinrent, il fit publier la nouvelle qu'il avait conclu la paix avec la Russie. Cette fausse nouvelle trompa l'armée moscovite, qui se réunissait à quelque distance pour venir au secours de la place et qui fut complétement défaite. Le tzar crut alors qu'il apaiserait la Pologne en lui rendant ses prisonniers. Tous les Polonais, entre autres le vaivode de Sandomir, Mnichek, et sa fille Marine, veuve du premier faux Démétrius, furent remis en liberté et confiés avec une escorte au prince Dolgorouki, qui était chargé de les conduire à Smolensk. Nagui les fit enlever sur la route; Mnichek et sa fille furent conduits au camp. Ils s'attendaient à retrouver Otrépief, miraculeusement échappé du massacre; aussi leur surprise fut grande. Cependant ils ne tardèrent pas l'un et l'autre à reconnaître publiquement Nagui: le premier pour son gendre, Marine pour son époux.

Nagui, ou, pour mieux dire, le Polonais Rouginski, marchait de succès en succès; l'habile et courageux

Sapiéha vint bientôt lui amener un renfort considérable. La capitale était menacée; le tzar demandait de tous côtés des secours, et une conspiration dangereuse se tramait contre lui. Ce ne fut qu'avec peine, et grâce à la fidélité du patriarche, que les conjurés furent expulsés de la ville. Dans ce moment arrivait à Novgorod un corps d'armée suédois, envoyé par Charles IX. Il consistait en trois mille fantassins et deux mille cavaliers, commandés par Pont de la Gardie, d'origine française, au service de la Suède. Pour prix de ce secours le tzar cédait la ville de Koréla et contractait une alliance offensive et défensive contre le roi de Pologne Sigismond. Le prince Schouiski Scopin, neveu du tzar, se mit aussitôt à la tête de ce secours. Il était temps; car déjà la ville de Pskoff s'était livrée aux rebelles, et celle de Novgorod ne paraissait pas très-bien disposée. Cependant les Novgorodiens se conservèrent fidèles, ce qui permit à Scopin d'obtenir quelques avantages sur les Polonais, et il partit ensuite pour Moscou, où sa présence ne pouvait manquer d'être utile.

Nagui avait fait périr un premier rival que les Cosaques lui avaient livré; deux nouveaux imposteurs se montrèrent aux environs d'Astrakan. L'un se faisait appeler Fédor, fils du tzarevitch Ivan; l'autre, Auguste, se disait fils du tzar Ivan lui-même; ils eurent le sort de leur devancier.

Cependant Moscou commençait à ressentir les inconvénients de la disette; pour comble de malheur, on apprit que les paysans avaient repris les armes et qu'ils arrêtaient tous les convois qui pouvaient arriver par la route de Kolomna, la seule qui fût restée libre; que, d'un autre côté, le roi de Pologne, ne cachant plus ses intentions, assiégeait avec vingt mille hommes la forte place de Smolensk. De là, Sigismond envoya l'hetman Jelgovski au camp de Nagui, probablement pour juger de la situation du rebelle. Mais à peine l'hetman fut-il arrivé, que l'un des partisans de Nagui, nommé Soltikof, proposa à tous ses amis d'abandonner Nagui, dont les droits étaient plus que douteux et dont la fortune d'ailleurs déclinait, et d'entrer dans les rangs du roi de

Pologne. La proposition, accueillie à l'unanimité, fut portée au général, qui se chargea d'arrêter l'imposteur, de le livrer à Sigismond et de demander à celui-ci pour souverain de la Russie son fils Uladislas. Nagui, prévenu à temps, s'enfuit pendant la nuit à Kalouga. Ceux de ses partisans qui n'étaient pas du complot, apprenant pourquoi leur prince était parti, accablèrent les Polonais de reproches, et les Polonais en massacrèrent un grand nombre et dépouillèrent les autres. Les Polonais restés seuls au camp de Touchino, avertis de l'approche de Scopin et des Suédois, jugèrent à propos de se retirer. Scopin les poursuivit et leur fit éprouver des pertes considérables; il entra dans Moscou aux acclamations des habitants, ce qui inspira au tzar des soupçons auxquels il ne trouva d'autre remède que de faire empoisonner celui qui les causait.

Démétrius, frère du tzar, remplaça Scopin dans le commandement de l'armée, et aussitôt la mésintelligence s'établit entre lui et Pont de la Gardie. Quand l'armée russe fut arrivée près de Smolensk, tous les Suédois passèrent dans le camp polonais, et les Russes s'enfuirent précipitamment à Moscou. Les Polonais s'emparèrent de Mojaïsk; la Gardie prit pour sa part la caisse militaire et les bagages des Russes, et il reprit le chemin de la Suède avec une partie de ses troupes. Cependant le Polonais Sapiéha ramena le faux Démétrius devant Moscou, et le tzar, trahi par plusieurs boyards, abandonné par les Suédois, poursuivi par les Polonais, ne savait plus à qui s'adresser pour obtenir d'indispensables secours, lorsque la révolte de Liapounof et de son frère Zakhar vint lui porter le dernier coup. La population de Moscou, excitée par ce dernier, se souleva tout entière, et les rebelles de Touchino promirent de s'unir à elle en abandonnant le faux Démétrius, si les boyards moscovites s'obligeaient à faire choix d'un nouveau tzar.

Au moment d'agir, ceux de Touchino rétractèrent leur promesse; mais les autres s'étaient trop avancés pour reculer sans danger. Soutenus par l'hetman polonais Jelgovski, dont les agents lui avaient gagné une partie des habitants, ils se saisirent de la personne de Vassili et de celle de ses deux frères Ivan et Démétrius. On les força de prendre l'habit monastique, et comme ils refusaient de prononcer des vœux, un des conjurés prononça pour eux, de même que pour la tzarine, les paroles qui devaient les lier à l'état religieux, après quoi on les renferma dans des monastères séparés. Lorsque Jelgovski se fut emparé de Moscou et du gouvernement, il envoya les prisonniers à Sigismond, qui les jeta dans les prisons de Varsovie, où ils moururent. Les écrivains russes assurent qu'ils y furent massacrés ou empoisonnés. Cette révolution s'opéra en 1610.

Là commence un interrègne, ou plutôt une véritable anarchie, qui ne cessa qu'au bout de trois ans, et lorsque la nation fut bien convaincue qu'il valait mieux pour le bonheur des masses n'avoir qu'un seul maître, quel qu'il fût, que d'en avoir plusieurs, de quelque nom qu'ils couvrissent leur ambition rivale. Les boyards s'étaient d'abord emparés du gouvernement, ensuite ils jetèrent les yeux sur le fils du roi de Pologne. Ce fut le résultat des intrigues de l'hetman Jelgovski. Dès que les boyards eurent fait connaître leur intention, l'hetman entra dans Moscou, qu'il occupa militairement. Les Moscovites commencèrent alors à sentir l'inconvénient de se donner un maître étranger.

Cette révolution nouvelle fit perdre au faux Démétrius la protection des Polonais, et refroidit le zèle de ses partisans. On ne sait ce qu'il serait devenu, s'il ne fût tombé sous les coups d'un assassin qui prétendait ainsi venger la mort d'un de ses parents. Il laissait sa femme enceinte; l'enfant qu'elle portait fut proclamé à Kalouga seul héritier de l'empire; il devait avoir pour tuteur l'hetman des Cosaques, Zaroutski.

Sigismond avait d'abord accueilli les députés de Moscou qui venaient lui demander son fils; mais il voulait que ces députés le missent en possession de Smolensk; et comme la garnison de cette ville refusa de se rendre, Sigismond fit retomber son courroux sur les députés, qu'il incarcéra. Malgré cette avanie, les habitants de Moscou voulurent que la demande fût renouvelée. Le patriarche seul refusa son adhésion ; les Polonais résolurent de le massacrer, et avec lui tous ceux dont les sentiments leur semblaient suspects. Le patriarche, averti, ne se montra pas au jour fixé ; mais le lendemain les Polonais se répandirent dans les rues, et leurs coups tombèrent sur une foule d'habitants de tout âge, de tout sexe, de toute condition. Le pillage vint à la suite du massacre. Sigismond l'approuva; et comme le patriarche avait échappé aux meurtriers, il ne voulut pas qu'on le poursuivît; il se contenta de le déposer.

L'odieuse conduite des Polonais excita un mécontentement universel; toutes les villes se liguèrent, et leurs troupes, commandées par Liapounof, vinrent assiéger les Polonais dans la capitale; mais dans le même temps la trahison livrait Smolensk au roi de Pologne. Les Russes furent plus heureux contre les Suédois, qui furent repoussés par les Novgorodiens. Comme le blocus de Moscou traînait en longueur, Liapounof et Troubetskoï, chefs de l'armée russe, firent proposer à Charles IX de leur donner un de ses fils, car ils ne voulaient ni de Sigismond, ni d'Uladislas. Le roi de Suède, au lieu de répondre à cette offre, s'empara de Novgorod. Le feld-maréchal la Gardie déploya en cette occasion autant d'adresse que de talent militaire. Très-peu de temps après, Charles IX mourut, et le fameux Gustave-Adolphe, son fils et son successeur, ne se montra pas plus disposé que son père à se rendre aux vœux des Russes. De même que Sigismond, qui aimait mieux garder Smolensk que de donner à un de ses fils la Russie entière, Gustave-Adolphe voulut conserver Novgorod pour lui, et s'embarrassa peu que la Russie fût l'apanage d'un de ses frères.

Ainsi ne fit pas Louis XIV, quand le roi d'Angleterre Guillaume III lui proposa par deux fois un partage de l'Espagne. Louis pouvait garder pour la France le royaume de Naples, plusieurs places de l'Italie supérieure, et les places frontières depuis Pampelune jusqu'à Gironne : il préféra donner l'Espagne entière à un de ses petits-fils.

Sur ces entrefaites parut en Russie un quatrième Démétrius. On disait pour lui qu'il était le même personnage que les trois premiers Démétrius ; la Providence l'avait toujours sauvé de toutes les embûches dressées contre sa vie. Cet homme fit d'abord des dupes ; mais à la fin quelques chefs cosaques, bien convaincus de son imposture, l'arrêtèrent et l'envoyèrent au camp de Moscou. Il perdit ignominieusement la vie sur une potence.

Quand les deux généraux de l'armée russe qui faisait le siége de Moscou avaient demandé à Charles IX un prince suédois, le chef Zaroutski, qui s'était chargé de protéger le fils de Marine, et qui, dit-on, avait poussé secrètement Marine elle-même, se montra très-irrité contre Liapounof, et il le fit assassiner. L'armée russe, privée de son chef, se dissipa, et les Cosaques se retirèrent; mais le patriotisme du boucher Kozma Menin, qui leva des sommes considérables pour l'entretien d'une armée vraiment nationale, et le courageux dévouement du général Pojarski sauvèrent définitivement la Russie du joug polonais, et des dévastations des Cosaques et des partisans qui, sous diverses prétextes, infestaient les provinces russes. Zaroutski trembla; il tenta de se débarrasser de Pojarski par un crime; il ne réussit pas et se retira sur Kolomna.

Cependant une armée polonaise s'avançait au secours de Moscou. Pojarski vole à sa rencontre et la défait complétement dans deux actions dont la seconde est décisive. Les Polonais qui étaient dans Moscou n'ayant plus d'espoir de délivrance, et pressés par la faim, se rendirent sous condition que la vie leur serait laissée. Pojarski le promit; mais il ne put empêcher les soldats de Troubetskoï d'égorger un régiment polonais qui passa près de leur camp; il eut même assez de peine à sauver la ville du pillage. Sigismond fit alors avancer un corps d'armée du côté de la capitale, comptant encore sur un retour de la fortune ; mais ses troupes ayant été repoussées avec perte, le découragement le saisit, et, se contentant de garder Smolensk comme les Suédois gardaient Novgorod, il rentra dans ses Etats de Pologne.

L'anarchie durait depuis trois ans, et une fois que

la Russie fut libre d'ennemis, chacun sentit le besoin urgent de faire cesser cet état de désordre par l'élection d'un tzar qui fût au gré de la nation russe. Le choix de l'assemblée, réunie à cet effet dans Moscou (1613), tomba sur le jeune Michel, fils du métropolitain Fédor Nikittitch, que les Polonais avaient jeté dans les fers parce qu'il avait refusé de trahir son pays. Il appartenait à la famille des Schérémétef, alliée à la race des Rurick par le tzar Fédor. On allégua même que Fédor avait désigné pour son successeur son cousin Nikittitch, et que, si on élut le fils, ce fut parce que le père se trouvait dans les mains des Polonais; il avait été un des députés envoyés à Sigismond pour lui demander son fils, et emprisonné par ce prince.

Michel Romanof ne se rendit à Moscou que deux mois après sa nomination; il fut sacré par le métropolitain de Kazan; il ne voulut pas nommer de patriarche, réservant pour son père ce poste éminent. Michel fut reconnu sans difficulté par toute la Russie, si l'on excepte les villes momentanément occupées par les Suédois et les Polonais. Zaroutzki persista quelque temps dans sa révolte; il s'était même rendu maître d'Astrakan; mais, à la fin, accablé par le nombre et trahi par les siens, il fut arrêté, conduit à Moscou et condamné au supplice du pal. Le fils de Marine, âgé de trois ans, fut attaché à un gibet; quant à sa mère, elle fut enfermée dans un monastère, où elle mourut peu de temps après, étranglée ou empoisonnée.

Le nouveau tzar avait tenté de reprendre Novgorod; mais les Suédois, toujours sous les ordres de la Gardie, battirent les troupes russes et firent quelques conquêtes qu'ils finirent par abandonner. Le tzar avait offert la paix; Gustave commençait à se lasser des efforts qu'il lui fallait faire pour contenir Novgorod; ils n'étaient donc ni l'un ni l'autre bien éloignés d'un rapprochement. Ce rapprochement s'opéra par la médiation de l'Angleterre, qui obtint pour prix de ses bons offices un traité avantageux de commerce. La Suède restitua Novgorod, mais elle gagna l'Esthonie, la Livonie, la Carélie et l'Ingrie. La paix fut signée à Stolboff (1616).

La guerre continua deux à trois ans encore avec la

Pologne. Une trêve de quatorze ans fut enfin stipulée (1618); la Russie fut obligée de céder Smolensk et quelques autres places. Ce fut alors seulement que le père du tzar, le métropolitain Nikititch, plus connu sous le nom de Philarète, vit rompre ses fers après huit ans d'une très-dure captivité. Il fut reçu dans Moscou aux vives acclamations de tout le peuple; quelques jours après, le clergé lui offrit la dignité de patriarche: c'était la seconde place de l'Etat.

La Russie jouit depuis ce moment, et tant que dura le règne de Michel, d'une paix qui ne fut que momentanément troublée par une tentative infructueuse des Russes pour reprendre Smolensk (1632); la trêve de quatorze ans fut alors convertie en traité de paix. Les Tartares se permirent aussi quelques incursions du côté de la Crimée; on bâtit quelques forts sur la frontière afin de les contenir. Michel mourut en 1645, après trente-deux ans de règne. On dit qu'il avait cherché sur la fin de ses jours à introduire en Russie quelques essais de civilisation; c'était à un de ses petits-fils que la gloire du succès était réservée.

Alexis Mikaïlovitch, l'aîné des fils de Michel, fut proclamé tzar le jour même de la mort de son père, bien qu'il n'eût encore que quinze ans. L'exercice du pouvoir fut confié tout entier au gouverneur de ce prince, Boris-Ivanovitch-Morozof. Le roi de Pologne Uladislas étant venu à mourir en 1648, Alexis se mit sur les rangs pour obtenir cette couronne; mais ses prétentions furent repoussées, et le choix des Polonais tomba sur le frère d'Uladislas, Jean Casimir. Oubliant bientôt la Pologne, Alexis épousa la fille d'un simple gentilhomme nommé Ilia-Miloslavskoï, et il donna une de ses sœurs au boyard Morozof, qui, devenu beau-frère de son maître, se livra sans pudeur et sans retenue à des excès, à des dilapidations qui amenèrent la révolte des habitants de Moscou. Deux fournisseurs complices de Morozof furent sacrifiés à la fureur populaire; les coupables d'un ordre plus élevé, tels que Morozof lui-même, ne durent leur salut qu'à la suppression de plusieurs impôts. Deux à trois ans après, une disette éprouvée à Novgorod et à Pleskoff fit révolter ces deux villes. Le métropolitain Nicon avait puissamment contribué à faire rentrer les habitants dans le devoir : aussi, quand la sédition fut apaisée et que le tzar, accordant le pardon aux coupables, n'excepta de l'amnistie que les chefs du complot, il constitua Nicon arbitre suprême de la nature des peines et de leur durée. Un seul subit la peine capitale, dix furent condamnés à la peine du knout et de l'exil.

Ce fut vers ce temps qu'on amena à Moscou un nouvel imposteur qui se disait fils du troisième Démétrius et de Marine; celle-ci, qui craignait pour la vie de son enfant, lui avait substitué celui d'un Cosaque; c'était le fils du Cosaque qui avait péri; lui, au contraire, avait été sauvé, ignorant sa propre destinée. Il vivait réfugié en Pologne, où Uladislas l'avait tenu en quelque sorte en réserve, pour le lancer sur la Russie comme un brandon de discorde; Alexis l'avait plusieurs fois réclamé, et Uladislas s'était refusé à le livrer. Le caractère faible de Jean-Casimir inspira des craintes au fils prétendu de Marine; il s'enfuit dans le Holstein. Il croyait y trouver sûreté, il se trompa; le duc Christian-Albert le livra au tzar, pour obtenir la remise d'une somme d'argent qu'il devait à la Russie; et le malheureux périt par un affreux supplice (tiré à cinq quartiers).

Alexis cherchait depuis longtemps un prétexte pour déclarer la guerre aux Polonais; les Cosaques de l'Ukraine le lui fournirent. Ces Cosaques étaient soumis à la Pologne; mais, fatigués du système d'oppression suivi à leur égard, ils se révoltèrent et appelèrent les Russes à leur secours. Alexis ne demandait pas mieux. Il commença par se plaindre de ce que la cour de Varsovie ne lui donnait pas tous les titres qu'il avait le droit de prendre; de ce que certains écrivains s'étaient servis d'expressions injurieuses à sa puissance, etc. Jean-Casimir s'empressa de le satisfaire sur tous ces objets. Alexis en vint enfin au point décisif : il demanda l'impunité pour les Cosaques révoltés, ou même que son droit de suzeraineté sur l'Ukraine fût explicitement reconnu; la Pologne refusa, comme on s'y attendait. Alexis tenait des troupes prêtes; et autorisé par décision d'une assemblée qu'il réunit à Moscou, toute composée de ses plus fidèles serviteurs, il inonda de soldats toutes les provinces limitrophes que son père et ses prédécesseurs avaient dû céder aux Polonais. Smolensk, Vitebsk, Mohilof, Polotsk, Kief, Vilna, beaucoup d'autres villes furent enlevées ou se livrèrent d'elles-mêmes.

Le roi de Suède d'un côté, l'électeur de Brandebourg de l'autre, voulurent avoir leur part des dépouilles de la Pologne; le premier mit Jean-Casimir en fuite, et s'empara de son trône; le second saisit la province de Prusse. Comme les trois conquérants ne s'étaient point concertés, ils ne tardèrent pas à se faire la guerre entre eux. Le roi de Suède attaqua le Brandebourg; Alexis attaqua le roi de Suède dans la Carélie, l'Ingrie et la Livonie; il en prit toutes les villes, mais ne put enlever Riga. Le kan de Crimée marcha au secours des Polonais, ce qui les empêcha de succomber; les Polonais obtinrent même quelque avantage sur les Russes; il y eut alors des négociations entamées; cependant les hostilités ne cessèrent qu'en 1661. Encore la trêve conclue à cette époque ne fut-elle convertie en traité de paix qu'en 1667. La Russie garda toutes ses conquêtes.

Ces avantages obtenus au dehors furent bien compensés par les calamités qui affligèrent les Russes dans l'intérieur. A tous les maux inséparables de la guerre, même pour les vainqueurs, la perte d'hommes, d'argent et de munitions, se joignirent d'autres fléaux : la peste qui décima la population de plusieurs villes; des épizooties qui firent périr les bestiaux; l'épuisement du trésor public; l'aggravation des impôts; la misère du peuple et, par suite, le mécontentement, les émeutes et la révolte. L'altération de la monnaie, moyen toujours funeste, causa dans Moscou une sédition qui fut punie par le massacre de plusieurs milliers d'individus, et l'envoi en Sibérie de tous ceux qui n'avaient point péri; cependant Alexis supprima la fausse monnaie, c'est-à-dire la substitution des kopeiks de cuivre aux kopeiks d'argent.

Des innovations religieuses introduites par le patriarche Nicon (c'était l'ancien métropolitain de Novgorod, élevé au patriarcat pour prix de ses services), occasionnèrent un schisme qui dure encore dans l'Eglise russe. On désigna par le nom de raskolniki, *schismatiques*, ceux qui persistèrent dans les anciennes croyances; mais ils se donnèrent eux-mêmes celui de staroi-vertsi, *anciens croyants* (1). Malheureusement Nicon manqua de tolérance; les raskolniki furent persécutés. La haine du peuple poursuivit à son tour le patriarche, qui à la fin fut disgracié par le souverain. Le beau-père d'Alexis, un de ses plus ardents ennemis, parvint même à le faire condamner et déposer dans une assemblée d'évêques. Il fut envoyé comme simple moine dans un monastère de la Sibérie, d'où il ne sortit qu'après la mort du tzar; encore ne jouit-il pas du retour de la faveur souveraine, car il mourut sur la route, près d'Yaroslaf.

Un simple Cosaque, Stenka-Razin, se proclama le vengeur du patriarche. Il assembla d'autres Cosaques, les séduisit par la promesse du pillage et de l'impunité, commit d'horribles excès, prit et ruina des villes; pressé par des forces supérieures, il fut contraint de capituler; épargné et renvoyé dans sa patrie, il recommença la carrière qu'il avait déjà parcourue, prit Astrakan, qu'il remplit de sang et de ruines, fut pendant quelque temps la terreur des Russes. Placé enfin entre deux armées et réfugié sur les bords du Don, il fut trahi et livré par l'hetman du pays, son ennemi particulier. Il expia ses crimes par le supplice, et sa mort ayant dissipé toute sa bande, l'ordre fut aisément rétabli. Les troubles avaient duré près de cinq années.

Après la mort de Stenka-Razin, la paix régna sans interruption au dedans comme au dehors, tant qu'Alexis vécut. Sur la fin de ses jours, il se disposait à porter la

(1) Les schismatiques sont divisés en plusieurs sectes. Ils font le signe de la croix avec deux doigts seulement, pour marquer, selon leur croyance, que le Saint-Esprit procède du Père, non du Fils. Leur amour pour les formes anciennes ne se borne pas aux choses religieuses, il s'étend sur les mœurs et sur les usages : ce sont les stationnaires de la Russie; leur nombre est considérablement réduit aujourd'hui.

guerre en Suède; la mort l'en empêcha. Elle le frappa (1676) dans la quarante-huitième année de son âge et la trente-unième de son règne. Ce prince a été diversement jugé. Les uns, sans avoir égard au temps où il vécut (le XVIIe siècle était pour la Russie ce que fut le Xe pour la France et pour l'Europe), ni aux mœurs presque féroces des peuples qu'il gouvernait, lui imputent tout le mal qu'il laissa faire ou ne put empêcher; d'autres louent ses qualités et la persévérance avec laquelle il tâcha d'attirer en Russie les arts européens. On peut dire qu'il fut le précurseur de Pierre le Grand, et c'est déjà un beau titre de gloire. La Russie lui doit un code de lois, intitulé *Oulagenié;* il améliorait la législation existante, mais il laissait encore debout bien des imperfections. On lui reproche d'avoir attiré chez lui les étrangers, et de les avoir ensuite laissés exposés à tous les préjugés antisociaux des Russes; mais c'était là le tort de la nation, non le sien. Les mœurs d'un peuple ne se réforment pas au seul commandement du souverain : il faut du temps.

Alexis avait été marié deux fois. Sa première épouse lui avait donné deux fils, Fédor et Ivan, et six filles, parmi lesquelles il faut mentionner Sophie. De la seconde il avait eu une fille, Natalie, et un fils, Pierre.

Fédor monta sur le trône à l'âge de dix-neuf ans ; il était d'une constitution faible et languissante, ce qui ne lui permit pas de se livrer avec autant d'ardeur qu'il l'aurait voulu aux projets de civilisation formés par son père. Le commencement de ce règne vit la guerre éclater entre la Russie et la Turquie au sujet de l'Ukraine. Fédor proposa à l'Autriche une alliance offensive et défensive. Sur le refus de l'Autriche, Fédor accepta celle de la Pologne, et la Turquie, avertie de cette coalition, consentit à des conférences pour la paix ; elle renonça à la suzeraineté de l'Ukraine. Dégagé des soins de la guerre, Fédor s'occupa de détruire un abus qui existait depuis longtemps, dont on sentait les inconvénients, et dont aucun des prédécesseurs du tzar n'avait pu obtenir la réforme. Pour qu'un noble consentît à être le subordonné d'un autre individu, il fallait que les ancêtres de celui-ci eussent occupé un rang supérieur ou au moins égal au rang qu'avaient eu ses propres aïeux; de sorte que le fils d'un colonel n'aurait pas voulu obéir à un capitaine qui n'aurait pas compté un général ou tout au moins un colonel parmi ses ancêtres. Fédor parvint à extirper cet abus, aidé par le patriarche et quelques boyards dévoués. Les livres de généalogie, *Steppeniyé-Knighi*, furent brûlés, et l'on dressa de nouvelles listes de nobles d'où l'on fit probablement disparaître la preuve des distinctions anciennes des diverses familles. L'abus était peut-être moins grand, mais c'était encore un abus. Ce n'était au reste que de cette manière qu'on pouvait arriver à un utile résultat, c'est-à-dire à obliger les individus, quelle que fût leur extraction, à servir l'Etat sous des officiers qui leur étaient supérieurs en grade.

Fédor mourut (1682) après un règne d'environ six ans; il en avait à peine vingt-cinq; il ne laissait point d'enfants, quoiqu'il eût été marié deux fois. On dit que, par son testament, il exclut son frère Ivan, qu'il regardait comme incapable de régner, de sa succession au trône, et qu'il y appelait directement Pierre, son plus jeune frère. Mais sa volonté, si elle fut telle, ne reçut d'exécution que bien tard, et par l'effet des événements plus que par condescendance pour ses intentions. Cependant le conseil avait sanctionné l'exclusion donnée à Ivan; mais la princesse Sophie, qui affectait d'aimer tendrement ce frère qu'on voulait repousser, et qui comptait bien régner sous son nom; Sophie, qui joignait à beaucoup d'ambition un esprit fécond d'intrigue et une audace supérieure à son sexe, conspira, manœuvra sourdement, agit, fit agir ses amis, son grand-père Miloslavskoï, encore vivant, acheta des séides, et s'assura par ses largesses de la milice désignée sous le nom de strélitz.

On répandit le bruit qu'Ivan venait d'être étranglé; aussitôt les strélitz courent aux armes, se portent en tumulte au palais; on leur montre Ivan, ils le proclament tzar; mais un frère de la veuve de Fédor, George Dolgorouki et son fils, des officiers généraux, des boyards, des fonctionnaires, des médecins qu'on accuse d'avoir empoisonné le tzar, sont inhumainement massacrés.

Les strélitz ne bornèrent pas là leurs excès ; ils forcèrent la tzarine à leur livrer son père et son frère. Celui-ci fut soumis à tout ce que la barbarie peut inventer de plus affreux pour donner la mort ; le père, abreuvé d'outrages, fut enfermé dans un monastère. Les révoltés, s'érigeant ensuite en législateurs, déclarèrent libres tous les domestiques et serviteurs loués à long terme. On dit que ce fut la princesse Sophie qui excita cette horrible révolte ; ce qui peut le faire penser, c'est qu'elle en récompensa les auteurs, qu'elle leur permit de partager les dépouilles de ceux qu'ils avaient massacrés, et donna pour chef aux strélitz l'un d'entre eux, Ivan Khavanskoï, qui s'était distingué dans les scènes de désordre qui avaient eu lieu. Ivan se laissa mettre sous la tutelle de sa sœur, qui régna de fait, ou qui, pour mieux dire, fit régner son ministre favori Galitzin.

Cependant les exigences toujours croissantes des strélitz devenaient une charge insupportable. On supposa qu'ils avaient résolu d'égorger toute la famille royale. Khavanskoï fut mandé auprès du tzar sous quelque prétexte ; il se rendit à l'invitation, et fut arrêté sur la route avec son fils ; tous deux furent décapités. Les strélitz, d'abord furieux, jurèrent de venger leur mort ; mais quand ils apprirent que le tzar et Sophie avaient à leurs ordres des troupes nombreuses, et qu'il s'agissait de punir du dernier supplice plusieurs d'entre eux, toute leur fureur, à l'instant calmée, se changea en terreur ; ils implorèrent humblement leur grâce, qui leur fut accordée ; quelques-uns seulement furent condamnés à périr.

La révolte apaisée, Galitzin tourna ses vues vers la politique extérieure, et, le 6 mai 1686, un traité d'alliance offensive et défensive contre la Turquie fut conclu entre la Russie, la Pologne, l'Autriche et Venise. La Russie acquit définitivement Smolensk, Kief, Tchernigof et le duché de Sévérie. Galitzin fit ensuite la guerre aux Tartares de la Crimée; cette guerre n'eut aucun résultat; les Russes rentrèrent à Moscou, et les Cosaques, à qui l'on avait promis la conquête de la Crimée, s'en prirent à leur hetman. Galitzin le fit conduire à Moscou sous prétexte de le faire juger, mais en réalité pour le sauver des fureurs d'une populace irritée. Il lui donna pour successeur ce Mazeppa qui depuis s'est rendu célèbre par sa défection. L'année suivante, Galitzin remporta sur les Tartares une victoire qui les affaiblit au point qu'ils furent obligés de battre en retraite. Une forteresse fut bâtie au confluent du Dniéper et de la Samara pour les empêcher d'avancer de nouveau sur ce point.

Le jeune Pierre souffrait très-impatiemment la domination de sa sœur, et surtout celle de Galitzin. Il n'avait encore que seize ans, et déjà on voyait que la nature avait beaucoup fait pour lui. On s'était attaché toutefois à l'énerver par le goût des plaisirs; mais cette mesure, destinée à le tenir éloigné du trône, fut précisément ce qui l'en rapprocha bien plus tôt. Parmi les complaisants qu'on lui avait donnés se trouvait un Français nommé Lefort; ce Français avait capté ses bonnes grâces; il lui parla de la France, de l'Europe, et fit naître dans son cœur le désir des grandes choses. Aussitôt il transforma le village de Préobragenskoï, où il avait sa résidence, en une espèce de camp retranché, et ses compagnons de plaisirs devinrent des soldats. Tous les étrangers qui arrivaient en Russie allaient grossir sa troupe; et le nombre s'en trouva assez fort en 1690 pour former deux régiments de gardes, ceux de Préobragenskoï et de Séménovskoï. Pierre faisait exécuter par ces deux régiments des évolutions, des attaques simulées, des combats, des siéges. En même temps il étudiait les mathématiques et les langues, l'allemand surtout.

Il venait d'atteindre sa seizième année, lorsqu'un jour sa sœur, s'étant présentée avec Ivan et lui dans une solennité religieuse, s'y montra décorée de toutes les marques de la puissance souveraine. Pierre, indigné, se retira, cachant mal son dépit. Peu de jours après, on vint l'avertir que les strélitz étaient en pleine révolte. Sa mère, qui ne douta pas que ce ne fût encore là une œuvre de Sophie, amena son fils au couvent de la Trinité, où plusieurs régiments, et entre autres celui de Soukharof, qui lui était dévoué, quoique de strélitz, accoururent pour le garder. Les strélitz révoltés ne manquèrent pas de se rendre la nuit à Préobragenskoï; mais le coup était manqué. Sophie envoya pour lors à la Trinité le patriarche pour qu'il servît de médiateur entre elle et Pierre; mais le patriarche ne lui rendit aucune réponse et resta auprès de ce dernier. Sophie partit alors elle-même pour le monastère afin de se justifier, et fut arrêtée en chemin. Galitzin fut pareillement arrêté en vertu d'un ordre de Pierre. Sophie fut conduite dans un monastère; Galitzin, envoyé à Kargapol, et transféré ensuite à Poustoserskoï avec sa femme et ses enfants, ne dut la vie qu'aux prières d'un de ses neveux, l'un des compagnons de plaisir du tzar. Les strélitz révoltés furent sévèrement punis, les uns par l'exil, les autres par le knout, les principaux d'entre eux par la mort.

Pierre était maître du pouvoir; car son frère, Ivan V, était si faible d'esprit, qu'il ne prenait aucune part au gouvernement. Le premier acte de Pierre fut de licencier les strélitz; il les remplaça par les deux régiments de gardes qu'il forma de ses affidés de Préobragenskoï. Une circonstance imprévue inspira au jeune Pierre le goût de la marine. Une chaloupe anglaise avait été abandonnée dans un magasin de l'Etat; on la fit manœuvrer devant lui, et il fut si ravi, qu'il voulut être lui-même le pilote de sa chaloupe, qu'il conduisait sur toutes les rivières voisines, sur des étangs, puis sur des lacs, partout où il trouvait une eau abondante et assez étendue pour manœuvrer librement. Sa mère Natalie étant morte en 1693, Pierre devint plus libre de se livrer à son penchant pour la navigation, et il profita du départ d'un convoi de bâtiments anglais et hollandais, destiné pour Archangel, afin de naviguer sur la mer Blanche. Bientôt après l'ordre fut donné d'attirer des ouvriers anglais et hollandais, et de construire des bâtiments.

Pendant que Lefort, qu'il avait créé amiral, s'occupait activement de ces constructions, Pierre, d'accord avec l'empereur de la Chine, Kam-Hi, faisait tracer la ligne de démarcation entre les deux empires, sur les bords du fleuve Amour. Cette affaire réglée, Pierre, qui brûlait d'avoir un port sur la mer Noire, reprit la guerre contre les Turcs, afin de se rendre maître d'Azof. Le siége de cette place importante eut lieu; mais comme Pierre, dans son impatience, n'avait pas attendu que tous les bâtiments qu'il faisait construire sur la rivière de Voronége, d'où ils devaient entrer par le Don dans la mer Noire, eussent été équipés, il ne put empêcher les assiégés de rester maîtres de la mer, et de recevoir des secours de tout genre. Peut-être les Russes auraient-ils réussi à emporter cette place d'assaut, sans la défection d'un Allemand nommé Jacob. C'était le seul officier d'artillerie qui se trouvât dans le camp de Pierre. Se prétendant offensé par quelque mauvais procédé, il encloua tous les canons des Russes, et s'introduisit dans Azof, dont il dirigea la défense avec tant de succès, qu'après avoir perdu trente mille soldats, le tzar fut contraint de lever le siége (1695).

L'année suivante, le tzar Ivan mourut, ne laissant que deux filles; de sorte que Pierre se trouva de droit, comme il l'était déjà de fait, seul maître de la Russie.

CHAPITRE IX

PIERRE Ier ET CATHERINE Ire SA VEUVE.

1696-1727.

Pierre, resté seul possesseur de l'empire, signala le commencement du nouveau règne par la prise de l'importante place d'Azof; il avait assisté au siége en personne, et avec le simple grade de capitaine, sur un des vaisseaux qui avaient tenu bloquée l'entrée du port. Ce fut alors que le tzar forma le dessein d'aller, sous quelque obscur déguisement, dans les Etats voisins, recevoir le germe des arts et le principe de la civilisation pour les transporter dans la Russie. Lorsqu'il fit part de ce dessein à ses boyards, il eut à lutter contre les préjugés nationaux, suivant lesquels toute communication avec les étrangers était regardée comme criminelle. Ces préjugés étaient tels, que plusieurs boyards se liguèrent dans l'intention de le détrôner : la conspiration fut découverte, et Pierre livra les coupables aux plus affreux supplices ; il voulut qu'un exemple sévère servît à intimider quiconque aurait été tenté de les imiter.

Après avoir réglé le gouvernement, qu'il laissait entre les mains du prince Rovnodanoski, assisté d'un conseil de boyards, il partit pour la Hollande (1697), accompagné de Lefort, qu'il avait élevé au grade de général, de Vonitzin, secrétaire d'Etat, et du boyard Galavine. Ces trois personnages étaient revêtus du titre d'envoyés extraordinaires auprès des Etats. Le voyage fut heureux, sauf quelques désagréments que le tzar dut essuyer en traversant les possessions suédoises des bords de la Baltique; partout ailleurs il fut accueilli avec distinction. Son séjour dans Amsterdam ne fut pas long ; il se rendit au bout de quelques jours au bourg de Sardam, où se trouvaient alors les chantiers de construction les plus renommés de l'Europe ; et là on le vit, inscrit avec plusieurs de ses compagnons de voyage au nombre des apprentis constructeurs, manier la hache, vivant comme les ouvriers hollandais, fumant, buvant et même s'enivrant avec eux ; car il faut bien dire que la tempérance ne fut jamais une des vertus de Pierre.

La conduite de Pierre en cette occasion a été louée par les uns, blâmée par les autres ; nous nous rangerions volontiers à l'opinion de ceux-ci. Pierre avait très-imprudemment quitté ses Etats dans un moment où le feu des conspirations pouvait se rallumer, favorisé par son absence ; et puis, en devenant charpentier et matelot lui-même, quel résultat voulait-il produire? former des matelots et des charpentiers ? Mais il pouvait aisément arriver à ce but par mille autres moyens. D'un autre côté, était-ce là seulement ce qu'un souverain devait se proposer pour améliorer la condition d'un grand peuple?

Une marine pouvait rendre la Russie puissante : rendrait-elle la nation plus heureuse? N'était-ce pas plutôt vers l'amélioration des mœurs et des institutions qu'auraient dû se diriger tous les efforts du prince? Chacun assurément louera le souverain qui entreprendra un voyage dans les pays *civilisés* pour y puiser les principes de la *civilisation*, afin de pouvoir ensuite *civiliser* ses sujets ; mais quel homme judicieux le louera d'exposer son empire aux révolutions qui peuvent naître de son départ, pour apprendre à quelques individus l'art de construire et de conduire un bâtiment?

On dit à la vérité que Pierre apprenait sous d'habiles maîtres la chirurgie, l'anatomie et la physique ; mais il est évident que, ne pouvant pas devenir lui-même professeur ou maître d'école, il aurait fait beaucoup mieux d'engager des savants, des artistes, des hommes experts dans leurs professions, à le suivre à Moscou, que d'acquérir pour lui seul une teinture superficielle de sciences ou d'arts qu'il ne pourrait communiquer à personne.

Pierre séjourna dans les chantiers de la Hollande jusqu'à ce qu'il eût construit de ses mains un vaisseau qu'il envoya en Russie ; mais n'ayant pu obtenir des états généraux qu'ils lui fournissent un secours de soixante vaisseaux de guerre et de cent galères, il quitta la Hollande assez peu satisfait, et se rendit en Angleterre. Là se répétèrent, à peu de chose près, les mêmes scènes ; il visita les manufactures, les arsenaux, les chantiers, mit plus d'une fois la main à l'œuvre, engagea quelques savants à se rendre à Moscou ; et c'était à cela que Pierre, plus sage, aurait dû se borner. Il eût fallu surtout tenir à ces hommes qui s'expatriaient pour aller sous un climat glacé donner aux sauvages Russes les éléments des sciences et des arts, toutes les promesses qui leur avaient été faites ; mais ces promesses, faites par ostentation plutôt que par conviction du bien qui pouvait en résulter, ne furent que très-mal remplies ; et l'on vit bien que le but que Pierre s'était proposé était de satisfaire son goût dominant pour la marine, non de rendre ses sujets meilleurs ou plus heureux. Les Anglais seuls gagnèrent au voyage de Pierre dans leur pays, car ils obtinrent le privilége d'importer du tabac en Russie ; comme si la détestable habitude d'aspirer une fumée âcre et puante pouvait contribuer au bonheur des Russes !

Le tzar était dans l'intention de traverser l'Allemagne pour se rendre en Italie ; les nouvelles qu'il reçut de Moscou l'obligèrent de presser son retour. Quatre régiments révoltés avaient marché sur la capitale ; les généraux du tzar avaient rassemblé des troupes fidèles, et la fortune avait favorisé leurs armes. Les rebelles vaincus remplirent les prisons. Le tzar arriva, et les supplices commencèrent ; et, ce qui prouve bien que toute idée de civilisation avait été étrangère à son voyage en Hollande et en Angleterre, il assista lui-même à tous les supplices ; chose encore plus révoltante, il ne dédaigna pas de partager les fonctions des bourreaux : de sa royale main il abattit plusieurs têtes. Ses nobles, ses boyards l'imitèrent. Lefort et d'autres étrangers s'excusèrent de prendre part à ces actes ; Mentschikof se distingua au contraire par sa dextérité. Plus de deux mille malheureux furent immolés. On avait trouvé sur quelqu'un d'eux le modèle d'une pétition à la princesse Sophie pour la prier de remonter sur le trône ; trois porteurs de cette pétition furent pendus aux barreaux de la croisée de la chambre où cette princesse était enfermée, et leurs corps y demeurèrent jusqu'à ce qu'ils fussent tombés en dissolution. Ceux qui ne périrent point par les supplices ou dans les prisons furent envoyés en Sibérie.

Ces actes d'une excessive rigueur ne gagnèrent pas les cœurs à Pierre ; des révoltes éclatèrent dans plusieurs lieux, et principalement du côté d'Azof. Le tzar se rendit, sans perdre un moment, dans cette ville, et les scènes qui avaient épouvanté Moscou se renouvelèrent ; Pierre trancha de sa main quatre-vingts têtes : il faut dire que, pour rendre sa besogne plus facile, le boyard Pletschef, faisant l'office d'aide, tenait les têtes assujetties sur le billot en les saisissant par les cheveux. Toute la milice connue sous le nom de strélitz fut définitivement licenciée.

Le tzar s'occupa ensuite de réformes : il substitua l'habit allemand à la tunique russe ; il voulut qu'on se rasât le menton sous peine d'amende ; les popes et les paysans étaient seuls exceptés de cette disposition. L'année commençait pour les Russes au mois de septembre ; il ordonna qu'elle fût datée, comme chez les nations européennes, du mois de janvier ; seulement, par antipathie contre le pape et les usages des Latins, il n'adopta point la réforme grégorienne, de manière que dans leurs calculs des dates, les Russes restent en arrière de onze jours. Il adopta d'autres mesures dont on lui a fait grand honneur, et qui ne sont les unes que futiles, les autres qu'impolitiques. Il y eut par exemple des règlements qui prescrivaient la manière de former des réunions, de s'y présenter, de danser, etc. ; d'autres exigeaient que dans ces réunions les ouvriers constructeurs fussent admis de même que les nobles : ce qui pouvait au surplus entrer dans les vues d'un despote ; car dans les Etats despotiques il ne peut exister qu'un maître et un peuple d'esclaves.

Cependant il était aisé de prévoir que la guerre ne tarderait pas à éclater : la Suède voulait profiter de l'inexpérience présumée du tzar pour étendre ses domaines ; Pierre n'oubliait pas d'ailleurs qu'à son passage à Riga il avait eu à se plaindre des Suédois. Il commença par s'assurer du côté de ses provinces méridionales par une trêve de vingt-cinq ans avec la Porte ; il fit ensuite un traité d'alliance offensive et défensive avec la Pologne et le Danemark, et il commença les hostilités (1700) par le blocus de Narva. Le fameux Charles XII régnait alors sur la Suède. Il vola à la défense de la ville assiégée, et, quoiqu'il n'amenât que huit à dix mille hommes, il remporta sur les Russes, beaucoup plus nombreux, une victoire signalée ; il fut favorisé, à la vérité, par la défection d'un grand nombre de Flamands et d'Allemands à la solde de la Russie, lesquels au moment décisif passèrent dans les rangs des ennemis.

Le tzar, loin d'être découragé, redoubla d'ardeur et d'activité. Tandis qu'il formait une armée de terre, il faisait construire des vaisseaux, et envoyait des hommes et de l'argent au roi de Pologne Auguste III, menacé par le roi de Suède, qui, au lieu de pénétrer dans la Russie, se dirigea vers la Courlande, où il battit les Saxons et les Russes réunis, et de là vers la Pologne. Ici les Russes, qui jusque-là, quel que fût leur nombre, n'avaient pu résister aux Suédois, remportèrent quelque avantage sous les ordres du général Schérémétef; ils étaient, il est vrai, beaucoup plus nombreux, ce qui, dit-on, fit dire à Pierre : « Nous avons battu les Suédois, et nous étions deux contre un; nous arriverons un jour à les battre à nombre égal. »

Les Russes vainqueurs emportèrent la petite ville de Mariembourg. Parmi les prisonniers qu'ils y firent se trouvait une jeune orpheline nommée Catherine, de condition obscure, servante de cabaret suivant les uns, servante d'un ministre protestant suivant les autres, épouse depuis quelques jours d'un dragon suédois qu'elle ne vit plus et qui probablement fut tué. Cette femme devint la servante du général Rauer, qui eut pour successeur Mentschikof; de Mentschikof elle passa au service de Pierre, qui finit par l'épouser, et lui laissa en mourant le trône pour douaire. Schérémétef fut récompensé par le grade de feld-maréchal et la décoration de l'ordre de Saint-André, créé par Pierre depuis son retour.

C'était surtout de ses escadres que le tzar attendait de grands résultats; une centaine de vaisseaux avaient été lancés dans les eaux de l'Olontsa; la flotte suédoise, qui stationnait devant Notembourg, bâtie dans une île de la Néva, fut obligée d'abandonner ce poste, et la ville fut emportée. Pierre changea son nom en celui de Schlusselbourg. Quelque temps après, la ville de Nieuchantz ouvrit ses portes (1703) ; sa position à l'embouchure de la Néva la rendait très-importante. Le tzar se distingua durant ce siége par beaucoup de bravoure personnelle; il y fut puissamment secondé par Mentschikof, qui de garçon pâtissier était devenu compagnon assidu de Pierre; Mentschikof avait reçu de la nature le génie militaire.

Les Russes obtinrent bientôt de nouveaux succès.

Yama, Narva, Derpt, capitulent ou sont emportées d'assaut; Ivangorod se rend dès la première sommation. Dans le même temps, Pierre, qui a choisi non loin de Nieuchantz un emplacement qui lui paraît propre à devenir un port sur la Baltique à l'embouchure de la Néva, jette les fondements de sa ville nouvelle de Saint-Pétersbourg; pour en défendre les approches, il construit une forteresse sur le rocher de Kotlin, qu'entourent les eaux du fleuve.

Charles XII se mettait peu en peine de ces avantages remportés par les Russes; il comptait qu'il pourrait les arrêter quand il voudrait; il suivait ses projets en Pologne: ils consistaient à détrôner Auguste, et à mettre à sa place Stanislas Leczinski, lequel, malgré ses grandes qualités personnelles, était repoussé par la nation, par la seule raison qu'il lui était imposé. Pierre d'ailleurs n'abandonnait pas son allié. Mais comme, pour faire passer librement des troupes en Pologne, il fallait chasser les Suédois de la Courlande, Pierre y envoya son général Schérémétef; cette fois pourtant, la fortune se déclara contre lui. Le tzar se hâta de lui amener des renforts, et il chercha même à le consoler de sa défaite.

Les soins de la guerre n'empêchaient pas le tzar de se livrer à ceux de l'administration intérieure. Il attira de divers pays de l'Europe, et surtout de l'Allemagne, des hommes de toutes les professions; il leur promit de riches récompenses, mais rarement il dégagea sa parole; aussi ne fit-il guère en tout genre que des essais; car ceux qui étaient venus en Russie dans l'espérance d'y trouver la fortune s'en retournèrent ou ne donnèrent de leur art que des notions très-superficielles. Pour concentrer tout le pouvoir dans sa main, il ne nomma pas au patriarcat, vacant par la mort d'Adrien, et il établit un conseil de prélats pour les affaires ecclésiastiques. La révolte ayant éclaté dans Astrakan, par suite de la réforme forcée de l'habillement (1705), Schérémétef soumit aisément les rebelles, et trois cents d'entre eux, envoyés à Moscou, y périrent par la main du bourreau.

Cependant le roi Auguste avait été obligé de fuir devant son vainqueur; il se réfugia dans le camp russe de Tikatni. Pierre, qui s'y trouvait, lui remit le commandement de l'armée; mais, à l'approche des Suédois, Auguste, non moins lâche qu'inhabile, s'enfuit dans ses Etats héréditaires de Saxe. Charles XII ne tarda pas à l'y suivre. Auguste mendia la paix, et l'obtint à des conditions déshonorantes : il s'obligea à livrer aux Suédois les Russes qu'il avait parmi ses troupes. Dans le même temps, Mentschikof remportait une grande victoire sur le général suédois Menderfeld, qu'il fit prisonnier. Pierre, qui voulait sauver la Russie d'une invasion, fit faire à Charles des propositions de paix par un ministre de France en Saxe. Charles répondit qu'il ne traiterait de la paix que dans Moscou.

Le tzar, voyant ses offres rejetées, ne songea qu'à rendre ses moyens de défense efficaces; il parcourut toutes ses garnisons, releva partout l'esprit national, laissa à ses généraux l'ordre de se retirer devant les Suédois, mais lentement et en bon ordre, afin que Charles XII s'avançât jusqu'au cœur de la Russie, où des déserts l'attendaient. Charles en effet ne tarda pas à franchir la Vistule, et peu de temps après la Bérézina. La révolte des Cosaques de l'Ukraine, dont l'hetman Mazeppa, déjà vieux et valétudinaire, aspirait à l'indépendance, favorisa, du moins en apparence, la marche des Suédois, qui, au reste, s'affaiblissaient insensiblement par les escarmouches journalières qu'ils devaient soutenir contre les Russes; ceux-ci se retiraient conformément aux ordres du tzar, mais de temps à autre ils faisaient volte-face et arrêtaient momentanément leurs ennemis.

Pierre, ayant appris que le Suédois Levenhaupt amenait à Charles un renfort de seize mille hommes, se porta sur la route du convoi, et prit une position avantageuse. Les Suédois, accoutumés à vaincre, firent de grands efforts; les Russes, animés par leur tzar, qui partageait leurs périls, se battirent avec tant d'acharnement, qu'ils arrachèrent la victoire à leurs ennemis. Cette action glorieuse eut lieu (1708) dans les champs de Lesno : « elle fut *mère de celle de Pultawa,* » dit

Pierre dans ses mémoires. Les Suédois n'étaient guère plus heureux sous les yeux même de leur roi. Ils furent battus au combat de Dobro par le feld-maréchal Galitzin. D'un autre côté, les Cosaques de l'Ukraine ne partagèrent pas la défection de leur hetman. Mazeppa, qui devait protéger par une diversion puissante l'armée suédoise, fut obligé de chercher un asile au milieu d'elle; et, comme pour augmenter les dangers et les embarras de la position du roi de Suède, l'hiver de 1709 approchait et les maladies décimaient ses troupes.

Le tzar proposa de nouveau la paix; il demandait de conserver l'Ingrie et son port de Saint-Pétersbourg; il offrait des équivalents pour Narva. L'orgueilleux Charles refusa tout; il comptait, en arrivant à Pultawa, trouver la fin de la disette et de tous les fléaux qui affligeaient son armée: il n'y trouva que la fin de ses prospérités. Cette bataille fameuse eut lieu le 27 juin 1709. En moins de deux heures, l'armée suédoise fut mise dans une déroute complète, tout ce qui ne périt point par le fer mit bas les armes; Mentschikof se couvrit de gloire. Charles et Mazeppa, suivis de deux à trois cents cavaliers, purent seuls s'échapper; ils ne s'arrêtèrent qu'après être arrivés sur le territoire turc. Les puissances étrangères avaient fait complimenter Charles XII par leurs ministres après la paix d'Alstrandtadt; après la victoire de Pultawa, ce fut le tzar de Russie qui reçut les compliments. La Pologne, la Prusse et le Danemark firent alors avec lui un traité d'alliance offensive et défensive; mais il déclara formellement l'intention de retenir les conquêtes qu'il avait faites, ce qui ne lui fut point contesté. En même temps il ordonna le blocus de Riga. La ville de Vybourg, dans la Carélie, ouvrit ses portes par capitulation, et Pierre, par un reste de son éducation sauvage, ne se fit point scrupule de violer cette capitulation et de retenir prisonniers quatre mille Suédois qui avaient stipulé qu'ils auraient la liberté de rentrer en Suède. Riga, pressée par la famine, reçut Schérémétef dans ses murs; RévCl et d'autres villes furent conquises; la Livonie se soumit en entier, de même que la Carélie et l'Ingrie.

Cependant Charles XII était parvenu à faire déclarer le sultan Ahmed III contre la Russie. Pierre tâcha d'éviter la guerre, mais il ne négligea pas sa défense. Il avait organisé une armée considérable; elle comptait cent régiments d'infanterie et de cavalerie, non compris les garnisons, les milices et les Cosaques. Avant de partir pour l'armée, il voulut assurer le sort de ses deux filles, Anne et Élisabeth, et de Catherine, leur mère; il épousa celle-ci publiquement (1711), ou du moins il fit publier son mariage, car le mariage existait déjà depuis longtemps, d'après l'assertion de quelques auteurs. La guerre ne fut point heureuse; l'armée russe, obligée de faire retraite pour se soustraire à l'influence mortelle du climat, et vivement poursuivie, fut acculée dans une position si désavantageuse, que Pierre demanda la paix; il l'obtint, parce que le visir, qui commandait les Turcs, craignit de le pousser au désespoir: il lui en coûta Azof et tous les travaux militaires qu'il avait commencés.

Ce que les Russes perdirent de ce côté, ils le gagnèrent du côté de la Pologne; le roi que Charles avait donné aux Polonais, désespérant de sa cause, avait cédé la place à Auguste. Pierre se rendit à Dresde, passa les troupes en revue, y ajouta des levées nouvelles, et de là se rendit à Saint-Pétersbourg pour activer les constructions. En passant à Torgaw, il avait marié son fils Alexis (qu'il avait eu d'Eudoxe, sa première femme) avec une princesse de Wolfenbuttel, belle-sœur de l'empereur Charles VI. Les années suivantes virent la guerre continuer entre la Suède d'un côté, et le tzar et ses alliés de l'autre. Toutes les possessions suédoises du bord méridional de la Baltique tombèrent au pouvoir des alliés.

Charles, toujours à Bender, ne cessait d'exciter le sultan à recommencer la guerre. Le sultan se laissa entraîner; mais, ne voulant plus d'un hôte tel que Charles XII, il donna ordre de l'expulser de Bender de gré ou de force. On sait que ce prince intraitable se défendit dans sa maison jusqu'à ce qu'il eût été accablé par le nombre, et qu'il fut depuis ce moment traité en prisonnier. La conduite insensée de Charles éclaira le sultan; il mit de la lenteur dans les préparatifs, et il ne lui fallut qu'une simple explication donnée par la cour de Russie pour empêcher les hostilités. Pierre, tranquille de ce côté, ne laissa pas ses troupes oisives (1713), il envahit et conquit la Finlande. Les Suédois désiraient la paix, Pierre n'en était pas éloigné; les puissances étrangères y poussaient de toutes leurs forces; elles offraient leur médiation; mais l'obstination de Charles paralysait tout. Le tzar profitait habilement de cet inconcevable aveuglement de son ennemi pour continuer ses faciles conquêtes. La bataille navale d'Angout (1715), dans laquelle il décida la victoire par son habileté non moins que par sa bravoure, priva la Suède d'une partie de sa marine, et surtout elle apprit aux Russes qu'ils pouvaient battre les Suédois sur mer comme sur terre. Les vainqueurs allèrent aussitôt s'emparer de l'île d'Aland, qui est située presque en face de Stockholm. La consternation régnait dans cette ville; heureusement, Pierre, laissant à Galitzin le commandement, reprit le chemin de Saint-Pétersbourg avec les vaisseaux qu'il avait pris aux Suédois. Il fut reçu dans sa ville nouvelle en triomphateur.

Ce fut sur ces entrefaites que Charles XII, rompant ses fers, revint dans ses Etats à la faveur d'un déguisement, qui lui permit de traverser le pays ennemi. Il avait appris que l'armée combinée du Danemark, de la Prusse et de la Saxe, assiégeait Stralsund, seule ville importante que la Suède possédait encore sur la Baltique; Charles réussit à se jeter dans la place. De là il fit connaître son retour aux habitants de sa capitale par une demande pressante d'argent; en même temps il demandait la restitution de Stettin, de Verden et de Brême; et dans ses relations avec ses voisins et ses ennemis, il ne mit ni moins de hauteur, ni moins d'arrogance que lorsque la victoire avait favorisé ses armes, rejetant, sans vouloir rien entendre, les offres de médiation de l'Autriche et de la France. Aussi indisposa-t-il si fort toutes les puissances, qu'il se forma contre lui une coalition du tzar, du roi d'Angleterre, et des rois de Prusse, de Pologne et de Danemark. Stralsund ne pouvait tenir contre tant d'ennemis, Charles se décida à l'abandonner pour aller demander à ses sujets de Suède de nouveaux soldats et de nouveaux trésors.

Pierre joua dans cette guerre un rôle actif; mais quand il se vit maître de la Livonie, des provinces adjacentes et de la Finlande, possesseur de flottes nombreuses qui lui assuraient l'empire de la Baltique, il mit beaucoup de lenteur à secourir ses alliés comme il l'avait promis, et surtout le roi de Danemark, qui voulait conquérir la Scanie avec les bras des Russes. Les alliés, mécontents ou jaloux, ne cachèrent pas leur animosité naissante. Pierre s'en mit peu en peine; mais, de son côté, il se maintint envers la Suède dans une espèce d'armistice qui fit cesser les hostilités sans convention. Il profita de ce moment de calme pour faire un second voyage dans la Hollande; il était accompagné de sa femme Catherine, qui le suivait constamment en paix comme en guerre partout où il portait ses pas (1716-1717). Ce fut dans cette occasion qu'il voulut visiter la France et Paris; le régent n'oublia rien pour lui procurer des plaisirs, des honneurs et de la satisfaction. On dit que lorsqu'il aperçut la statue de Richelieu, il s'écria: « Grand homme! je t'aurais donné la moitié de mes Etats pour apprendre à gouverner l'autre. »

On assure du reste que son voyage avait un but politique, que Pierre aurait voulu se liguer avec la France et la Hollande contre l'Angleterre, et que ce fut la cour de Vienne qui fit échouer le projet; mais d'autres prétendent qu'il n'était réellement question, dans ce voyage, que du rétablissement des Stuart sur le trône d'Angleterre, de l'expulsion du régent, de la restitution de la Pologne à Stanislas, et du Holstein à son duc dépossédé; le baron de Gœrtz et le fameux Albéroni, ajoute-t-on, étaient les fauteurs de ce grand drame, dont le régent aurait saisi le plan avant l'exécution, ce qui le fit avorter. La mort de Charles XII, tué ou plutôt assassiné sous les murs de Frederikstad, priva la coalition de celui qui en aurait été le principal moteur.

Les anciens alliés de Pierre, devenus ses plus grands ennemis, avaient fait une seconde ligue, en tête de laquelle se trouvaient l'Angleterre et l'Autriche; elle avait pour objet de laisser à ceux qui les avaient conquises les anciennes provinces suédoises de l'Allemagne, et, pour indemniser la Suède, de l'aider à reprendre la Finlande, la Livonie et toutes ses provinces, à l'exception de Narva, de Cronstadt et de Saint-Pétersbourg. La France était entrée dans cette ligue, où figuraient tous les souverains de l'Allemagne, pour se venger de ce que le tzar avait trempé dans la *conjuration de Gœrtz.* Pierre, menacé de toutes parts, ne se laissa point effrayer; il organisa des armées, équipa des flottes, insulta Stockholm, ravagea la Bothnie, battit la flotte suédoise, de beaucoup supérieure en nombre, et se montra partout si bien préparé à la résistance, que la Suède la première fit des propositions de paix, que Pierre n'accueillit qu'en déclarant que les négociations n'arrêteraient pas les hostilités. Cette conduite vigoureuse du tzar hâta la conclusion de ces négociations et amena la paix de Neustadt (1721), qui fut conclue aux conditions que le tzar avait d'abord proposées. Ce fut après cette paix, qui lui assurait toutes ses conquêtes, que le tzar prit le titre d'empereur, que l'Angleterre et la Hollande lui avaient déjà décerné et que les autres puissances finirent par lui donner.

Pierre avait promis de rendre à la Suède tous ses prisonniers; mais, comme il voulait s'attacher tous ceux qui parmi eux possédaient quelque industrie, il leur fit de telles concessions de terres et de franchises, que la plupart d'entre eux restèrent en Russie. La dignité de patriarche fut alors abolie définitivement; Pierre ne voulut pas que sa puissance eût dans celle du chef de l'Église une autorité rivale, et il exigea des membres *amovibles* du sacré synode, créé par lui pour remplacer le patriarcat, qu'ils le reconnussent en qualité de *chef suprême du collége ecclésiastique.* Toutefois, l'année suivante (1722), le synode étant assemblé, une voix osa s'élever pour redemander un patriarche. *Le voilà!* s'écria Pierre en fureur, en jetant sur la table son épée nue. Quelque temps après, le tzar créa une noblesse militaire, personnelle pour les simples officiers, transmissible pour les officiers supérieurs, à commencer par les majors. Il y eut aussi une noblesse civile. Les grades des employés correspondirent aux grades militaires.

Le but principal de l'empereur dans ses longues guerres avait été d'acquérir un port sur la Baltique et un autre sur la mer d'Azof; il conservait le premier par la paix de Neustadt; il avait perdu le second, mais il comptait le reprendre. Il désirait depuis longtemps en avoir un troisième sur la mer Caspienne, et il cherchait un prétexte pour s'emparer d'une province persane. Le hasard le lui offrit. Les Lesghis, qui habitent entre cette mer et le Pont-Euxin, révoltés contre la Perse, avaient envahi la province de Chirvan; ils pillèrent la ville de Schamakie, où les Russes faisaient un grand commerce, et non-seulement ils ne respectèrent pas les propriétés de ces étrangers, mais encore ils en tuèrent plusieurs. L'empereur demanda satisfaction au roi de Perse, qui répondit qu'il lui était impossible de réduire les Lesghis : c'était en quelque sorte engager le tzar à venger lui-même son injure. Trente mille hommes de troupes régulières, précédés et suivis d'un nombre infinis de Cosaques et de Kalmouks, envahirent la Perse (1722), et arrivèrent jusqu'à Derbent, qui ouvrit ses portes. Là se terminèrent pour cette année les opérations de la campagne. On dit que l'empereur calma l'inquiétude jalouse du sultan en l'autorisant à prendre de son côté sur la Perse ce qui serait à sa convenance, et le pacha d'Erzeroum occupa Tiflis et la Géorgie. Ce fut au retour de cette expédition que le tzar fit couronner sa femme Catherine (1723), et donna pour époux à sa fille aînée Anne le duc de Holstein, qu'il avait fait prisonnier à Pultawa, et qu'il avait élevé à sa cour.

On dit que Catherine fut peu reconnaissante de ce que le tzar avait fait pour elle. Ce fut à l'occasion de cette ingratitude qu'il dit à son épouse, en brisant devant elle une superbe glace : « Vous voyez que je peux d'un seul coup faire rentrer dans la poussière ce qui en est sorti. » Catherine lui répondit avec calme : « Vous avez perdu le plus bel ornement de votre palais, en est-il devenu plus beau ? » Le tzar modéra son courroux, mais depuis ce moment Catherine perdit toute son influence, et Mentschikof perdit aussi la sienne : celui-ci venait d'être condamné pour la troisième fois à l'amende pour dilapidations.

Il est à présumer que le chagrin que lui firent éprouver les soupçons qu'il avait conçus contre son épouse, rendit plus actif le mal secret qui depuis quelque temps le rongeait. Il tomba dans un si triste état, qu'il fallut en venir à des opérations douloureuses ; il les supporta courageusement, et sa santé étant revenue, il reprit le cours de sa vie active. Un jour que, se trouvant en route pour la Finlande, il était sur le point d'aborder au port de Latcha, il aperçut une chaloupe remplie de monde, échouée sur un bas-fond et fortement battue par les flots ; il envoya d'abord des hommes de son équipage pour secourir les naufragés ; ensuite il s'embarqua lui-même sur un esquif pour donner ses ordres ; ne pouvant se faire entendre par ceux de la chaloupe, il se jeta à la mer, arriva au bas-fond, dégagea la chaloupe, et la ramena au rivage.

Le soir de ce même jour, il fut saisi d'une fièvre ardente ; on dut le porter à Saint-Pétersbourg. Ce ne fut qu'au bout de deux mois qu'il reprit quelques forces. Au mois de janvier 1725, au temps le plus froid de l'année, il voulut sortir pour assister à une fête (la bénédiction de l'eau), et tous les symptômes de son mal reparurent sous l'aspect le plus sinistre. La force de son tempérament éloigna de onze jours le terme de sa carrière ; il mourut au bout de ce temps, dans la quarante-troisième année de son règne et la cinquante-deuxième de son âge.

Il laissait trois filles de Catherine : Anne, Elisabeth, et Natalie, qui mourut, dit-on, de chagrin de l'avoir perdu ; deux nièces, filles de son frère Ivan ; et un petit-fils, Pierre, fils d'Alexis.

Pierre Ier a joui, de son vivant même, d'une grande réputation ; aussi s'est-on demandé : Quel homme est-ce ?

Sa vie se compose de tant d'actes de grandeur et de mesquinerie, d'humanité et de barbarie, de magnanimité et d'atroce vengeance, que tout ce qu'on peut dire, c'est que son caractère est un mélange de qualités bonnes et mauvaises, poussées à l'excès par l'effet du naturel et le défaut d'éducation. Né despote, il veut que tout lui cède; livré sans contrainte aux plaisirs, il ne souffre ni représentations ni résistance; simple dans ses habitudes jusqu'à la grossièreté, il exige que rien ne le choque, mais il s'embarrasse peu de choquer les autres. Un incendie éclate, il s'élance au milieu des flammes pour sauver un malheureux qui va périr; des révoltés ont méconnu son autorité, il remplit lui-même l'office de bourreau. Son fils Alexis est accusé d'avoir conspiré contre son père; son crime est loin d'être prouvé, il résulte seulement des enquêtes, qu'Alexis avait pour l'auteur de ses jours une indifférence qui allait jusqu'à l'aversion; on arrache à ce malheureux des aveux de crimes qu'il n'a pu commettre, et, sur ces aveux, on le condamne au dernier supplice. Avant de le subir, il conjure son père de lui pardonner, et son père souffre que l'affreuse sentence s'exécute; on va jusqu'à dire que lui-même... la plume se refuse à le répéter. Cependant le cœur de Pierre n'était pas inaccessible aux douceurs de l'amitié; on le vit pleurer Lefort et Schérémétef longtemps après leur mort; on l'entendit plaider devant le sénat la cause de Mentschikof; convaincu que le défaut de chaussure chez les Finnois était nuisible à la santé du peuple, surtout dans un climat aussi rude, il envoya des Russes en Finlande pour apprendre aux habitants à fabriquer des souliers d'écorce de bouleau. Quant à son despotisme, il est souvent cruel, on ne le nie pas; mais plusieurs écrivains qui l'avaient vu de près, tel est le général suédois Strahlemberg, prétendent qu'avec un peuple indocile, dur, grossier, tel en un mot que le peuple moscovite, la tyrannie, ou du moins la rigueur excessive était le seul moyen possible de gouverner. Le grand Frédéric était d'un avis opposé; il disait du despotisme de Pierre, que *c'était de l'eau-forte qui rongeait au fer*; il sous-entendait : *et qui ne le rendait pas malléable*. Le caractère des Russes avait besoin d'être modifié ; mais on ne change pas un peuple en un jour. Il fallait améliorer ; c'était par des procédés lents et doux qu'il était possible d'y parvenir. La force et la violence compriment une habitude, elles ne la détruisent pas ; et dès que la violence cesse, l'habitude reparaît.

Il n'est pas aussi facile d'excuser le tzar sur son intempérance ; tous ses historiens conviennent qu'il aima toujours, non pas le plaisir d'une table délicate, mais l'orgie et la débauche. Il est même probable que son penchant pour l'ivrognerie (il faut bien trancher le mot) l'a poussé plusieurs fois à des excès qui forment un parfait contraste avec des actes qui l'honorent.

Pierre le Grand a laissé dans le monde, dit Frédéric, la réputation d'un homme extraordinaire plutôt que celle d'un grand homme. Burnet, qui avait souvent conversé avec lui, reconnaît qu'il possédait plus de connaissances qu'on ne pouvait en exiger d'un prince élevé en barbare ; mais, au fond, il aurait mieux fait un excellent charpentier qu'un grand prince. Un autre écrivain lui trouve « le génie imitatif, non le génie qui crée. »

La Russie doit à ce souverain une marine ; un commerce étendu ; une collection de lois et règlements en matière civile, criminelle, administrative et militaire ; un sénat ; des ministères spéciaux avec des attributions distinctes ; une édition nouvelle, augmentée et améliorée, de l'*Oulagénié*, ou code civil ; un code maritime ; des lois fiscales productives pour le trésor, mais ruineuses pour le peuple.

Catherine, déjà couronnée du vivant de Pierre, s'empara du pouvoir aussitôt que Pierre eut fermé les yeux. Elle ne fit que continuer ce que celui-ci avait commencé. Elle conclut avec les cours de Vienne, de Madrid et de Berlin, un traité d'alliance offensive contre la Suède, le Danemark, l'Angleterre et la France ; les Cosaques furent assujettis complétement (1726) au moyen de plusieurs forteresses bâties dans leur pays. Elle se proposait de porter la guerre en Danemark, pour faire valoir les droits du duc de Holstein, son gendre, lorsqu'elle fut atteinte de sa dernière maladie : elle désigna par son testament, pour lui succéder, le jeune fils d'Alexis. On dit que ce testament fut suggéré à l'impératrice par son ministre Mentschikof, qui espérait que sous un roi enfant il jouirait longtemps de l'autorité. On prétend même que l'acte de ses dernières volontés fut supprimé par le ministre et remplacé par un faux acte. Catherine mourut le 16 mai, après un règne d'environ trente mois; elle n'avait encore que trente-huit ans.

CHAPITRE X

RÈGNES DE PIERRE II, ANNE IVANOVNA, IVAN VII, ÉLISABETH PÉTROVNA, PIERRE III.

1726-1762.

Pierre II Alexiévitch, ou plutôt Mentschikof, commença de régner immédiatement après la mort de Catherine. Le premier acte de l'ambitieux ministre fut d'assembler le conseil de régence pour faire ratifier une prétendue clause du testament qui donnait pour épouse à l'empereur une fille de Mentschikof; ce fut là, est-il bon d'ajouter, la seule preuve que ce conseil donna de son existence, car le ministre tout-puissant ne lui permit plus de se réunir. Après avoir célébré avec pompe cet étrange hyménée, il ne cacha pas son projet de donner à son fils la princesse Natalie, sœur de Pierre. Le duc de Holstein fut obligé d'aller avec son épouse chercher un asile dans ses Etats. Mentschikof devint tyran, mais son règne fut court; un adolescent, Ivan Dolgorouki, fils du sous-gouverneur de Pierre, favori de ce dernier et compagnon assidu de ses jeux, lui fit sentir l'humiliante dépendance où le tenait Mentschikof. Pierre, irrité, mais dépourvu d'expérience, se livra tout entier au père de son jeune ami.

On profita d'une indisposition du ministre pour le

renverser. L'ordre lui fut envoyé au nom de l'empereur de tenir les arrêts dans son palais ; ni ses enfants ni sa femme ne purent parler à Pierre; les Dolgorouki lui tenaient fermées toutes les avenues. Les arrêts ne furent levés que par un ordre d'exil (1727) à Ranimbourg, dans la province de Voronège. Mais à peine fut-il sorti de Saint-Pétersbourg qu'on le dépouilla de toutes ses charges, et qu'on lui enleva ses richesses et ses équipages, jusqu'à sa voiture. Pendant qu'il marchait tristement vers Ranimbourg, on instruisait son procès; il fut déclaré concussionnaire, condamné à un exil perpétuel, et relégué à Bérésof, au fond de la Sibérie ; il y mourut deux ans après. Sa famille entière avait partagé sa disgrâce.

Les Dolgorouki succédèrent à Mentschikof dans la faveur du tzar. La fille de l'ex-ministre fut répudiée. L'ancienne impératrice, Eudoxe, première épouse de Pierre le Grand, fut rappelée de la retraite forcée où depuis si longtemps elle gémissait; le siége du gouvernement fut rétabli à Moscou, où l'on arrêta le mariage de Pierre avec la sœur d'Ivan Dolgorouki. Quatre à cinq jours avant celui qu'on avait pris pour la célébration, Pierre tomba malade, et pour lit nuptial il n'eut qu'un tombeau (1629).

Les héritiers naturels du tzar étaient au nombre de quatre : un enfant en bas âge, né de la fille aînée de Pierre Ier et de Catherine, laquelle avait épousé le duc de Holstein, et venait de mourir; une sœur cadette de la duchesse de Holstein, nommée Elisabeth, et deux filles d'Ivan V, dont l'une était femme séparée du duc de Mecklembourg, et l'autre était veuve du duc de Courlande. Les membres du conseil, le sénat, les généraux, s'assemblèrent pour choisir leur futur souverain parmi ces quatre successibles; mais il fut question de subordonner l'élection et sa validité à des conditions qui seraient imposées à l'élu, en un mot, de faire revivre l'ancien système oligarchique. Le choix tomba sur la douairière de Courlande. Aux conditions arrêtées par le conseil, et qu'elle accepta, on joignit celle qu'elle ne serait point suivie en Russie par son chambellan

Biren, dont on connaissait l'âme altière et l'humeur despotique. Anne Ivanovna souscrivit à tout.

Il existait alors à Saint-Pétersbourg un Westphalien nommé Ostermann, que Pierre Ier estimait et qu'il avait recommandé à Catherine; Mentschikof l'avait tenu éloigné des affaires, mais il avait reparu à la cour durant le court règne de Pierre II; il sut s'insinuer dans la confiance d'Anne, et celle-ci, dirigée par ses conseils, résolut de secouer le joug. Une conjuration dans laquelle entrèrent quelques grands et la majorité des habitants, qui préféraient justement le despotisme d'un seul au despotisme oligarchique, fut adroitement ourdie par Ostermann et le comte Mattéow. Des masses de peuple se portèrent au palais impérial; Anne, prévenue à propos, se montra et fut saluée par des acclamations générales. Mattéow et quelques autres s'avancèrent jusqu'à elle, et, au nom de la nation russe, la supplièrent de reprendre le pouvoir tout entier tel que ses prédécesseurs l'avaient exercé. Anne se fit représenter par Dolgorouki l'acte d'élection, qu'elle déchira aux applaudissements universels. Les Dolgorouki furent aussitôt exilés. Moins heureux encore que Mentschikof, après avoir passé neuf ans en Sibérie, ils furent remis en liberté; mais à peine furent-ils de retour en Russie, qu'ils furent traduits en jugement comme coupables de haute trahison, et punis de l'horrible supplice de la roue.

Anne, se sentant bien affermie sur le trône, songea d'abord à se donner une héritière. Comme elle manifesta dès le premier jour l'intention formelle de ne point se remarier, elle adopta sa nièce, fille de la duchesse de Mecklembourg; cette jeune princesse, âgée seulement de douze ans, reçut par l'adoption le nom de Anne, au lieu de celui de Catherine, et fut fiancée au prince de Brunswick-Lunébourg (1733).

A l'extérieur, Anne, ou pour mieux dire Biren, qu'elle avait appelé à sa cour, crut devoir abandonner les provinces persanes que Pierre Ier avait acquises. Tranquille de ce côté, Biren s'occupa de la Pologne, dont le trône était vacant; et sur la promesse que lui fit l'électeur de Saxe de la souveraineté de la Courlande, dont le dernier duc n'avait point de postérité, il s'engagea, de même que l'Autriche, à soutenir l'élection du Saxon. Toutefois la diète, à la presque unanimité, se déclara pour Stanislas, que protégeait la France; mais le cabinet de Versailles, à la tête duquel se trouvait le vieux cardinal de Fleury, se montra fort peu disposé à s'exposer aux chances de la guerre. Il ne donna que des secours insuffisants à Stanislas, qui, chassé successivement de Varsovie et de Dantzig, où il s'était réfugié, s'estima heureux de pouvoir regagner la France, où on lui donna la Lorraine pour en jouir sa vie durant. L'électeur de Saxe fut reconnu par la diète (1736) sous le nom d'Auguste III; fidèle à ses engagements envers la Russie, le nouveau souverain donna au favori l'investiture du duché de Courlande.

La Porte avait souffert l'intervention armée de la Russie dans les affaires de la Pologne; elle voulait éviter la guerre au nord, menacée qu'elle était à l'occident par l'Autriche, et à l'orient par la Perse, alors soumise au fameux Thamas-Kouli-Kan, plus connu sous le nom de Nadir-Shah. Elle ne put l'éviter; mais, après quatre ans d'hostilités, la paix de Belgrade (1739) vint remettre les choses dans le même état où elles se trouvaient auparavant; car de part et d'autre on se rendit les conquêtes qui avaient été faites, mais on ne rendit point la vie à tous les malheureux qui avaient péri dans cette guerre sans résultat. Ce fut à cette époque que le général Munich, par une sévérité poussée presque à la barbarie, établit dans l'armée russe cette discipline rigoureuse qui fait de ses soldats autant de machines qui périssent là où on les place. On assure que ce général fit enterrer vivants les soldats qui, épuisés de fatigue, se plaignaient de leurs souffrances et se disaient malades.

Anne survécut peu à la paix de Belgrade; elle mourut vers la fin de l'an 1740, après avoir régné dix ans. On l'accuse d'avoir été faible, vaine et de mœurs peu sévères; il faut ajouter: d'avoir eu le cœur insensible à la pitié et d'avoir manifesté souvent les conceptions les plus bizarres. On sait que, pour punir le prince Galitzin d'avoir embrassé le catholicisme, elle le condamna, bien qu'âgé de quarante ans, à faire le service parmi ses pages, et à devenir l'un de ses bouffons (elle en avait six en titre). Ce n'est pas tout : peu de mois avant sa mort, elle força le prince à épouser une femme de basse extraction, et elle fit élever pour les deux époux un palais de glace où ils furent obligés de passer une nuit entière. Quelque temps auparavant, elle avait fait brûler vif un seigneur nommé Vonitzin, qui avait embrassé le judaïsme ; le rabbin qui l'avait perverti partagea son sort.

Avant d'expirer, Anne désigna pour lui succéder, non sa parente qu'elle avait adoptée, mais un fils que celle-ci venait de mettre au monde. Ce fut Biren qui indiqua ce choix : sous un souverain au berceau il devait régner. Il régnait en effet, et dans ses rêves ambitieux il voulait unir la princesse Elisabeth à son fils aîné, et le jeune duc de Holstein à sa propre fille ; mais, tandis qu'il se berçait de ces douces illusions, un dangereux ennemi, d'accord avec le duc et la duchesse de Brunswick, travaillait à le renverser. Biren avait refusé au maréchal Munich le titre de généralissime ; cette injure, se joignant à la vieille haine du guerrier contre le régent, le rendit conspirateur. Biren, arrêté dans son palais, au milieu de la nuit, un mois après la mort d'Anne, fut transféré le lendemain au château de Schlusselbourg. Une commission sénatoriale lui fit aussitôt le procès et le condamna à mort. La princesse Anne, qui dès le jour de son arrestation avait pris le titre de grande-duchesse et de régente, commua la peine en celle de l'exil en Sibérie, dans une prison qui fut construite exprès, sur le plan fourni par Munich lui-même, qui ne se doutait pas qu'il irait bientôt y prendre la place de sa victime.

Munich fut élevé au poste de premier ministre ; mais le titre de généralissime, réservé pour l'époux d'Anne, lui fut refusé. Ostermann, dont le crédit survivait à toutes les révolutions de cour, obtint pour lui-même le ministère des affaires étrangères, et pour son ami Golovkin celui de l'intérieur : de sorte que Munich, réduit à la guerre, ne dissimula pas son mécontentement ; il finit par offrir sa démission, qui, contre son attente, fut acceptée. La guerre contre la Suède, excitée par l'inepte cabinet de Versailles, qui voulait opérer une utile diversion en faveur de l'Autriche, jusque-là son irréconciliable ennemie et maintenant son alliée, vint distraire un peu les esprits que ces troubles intérieurs commençaient d'agiter. Vers le même temps (1741), Nadir-Shah envoya une somptueuse ambassade à Saint-Pétersbourg.

Cependant la princesse Elisabeth regardait comme une usurpation l'élévation au pouvoir de la famille d'Ivan; incapable d'agir elle-même, elle laissait agir les autres. De ce nombre était son chirurgien Lestocq, Français d'origine, homme d'un caractère intrigant et audacieux; il était secondé par l'ambassadeur français, le marquis de la Chétardie, qui fournit l'argent nécessaire pour gagner les soldats. Anne, de son côté, dirigée par Golovkin, était dans l'intention de se faire proclamer impératrice; elle n'attendait pour cela que le jour anniversaire de sa naissance. Les conjurés, qui n'étaient presque tous que des soldats ou des bas officiers, ne lui en laissèrent pas le temps. Il paraît toutefois qu'elle et son mari avaient été prévenus; mais ils négligèrent les avis qui leur furent donnés. La régente, son mari et leur fils, âgé de quinze mois, furent enlevés dans la nuit et transférés dans une étroite prison (1). Elisabeth se fit proclamer par les conjurés dès le lendemain au point du jour, et les habitants de la capitale apprirent en se réveillant qu'ils avaient une impératrice.

C'était la soldatesque qui avait opéré cette révolution nouvelle; tendant naturellement à la barbarie, et accusant de toutes les innovations tentées par Pierre le Grand les étrangers établis en Russie, elle exigea pour prix de ses services le jugement de tous ces étrangers. Munich, Ostermann, Loevenvold, beaucoup d'autres et Golovkin lui-même, quoique Russe, furent condamnés à divers supplices. Mais Elisabeth avait juré,

(1) Ivan mourut en 1763, et son père en 1780 seulement. Anne les avait précédés dans la tombe, succombant au chagrin et au regret d'avoir rejeté les avis qui lui étaient parvenus; elle mourut en 1746. Aucun d'eux n'avait été remis en liberté; leurs jours finirent dans une dure captivité.

dit-elle, que durant son règne aucune condamnation capitale ne serait rendue. La peine fut en conséquence commuée en une prison perpétuelle en Sibérie. La captivité de Biren ayant été adoucie, Munich alla prendre sa place. Les étrangers qui se trouvaient aux armées, avertis de ce retour vers l'ancienne barbarie, évitèrent en fuyant le sort qui leur était réservé.

Au milieu de cette réaction odieuse, Elisabeth, qui se livra sans retenue aux plus grands excès, fut déclarée chef suprême de l'Eglise par le synode ecclésiastique; mais les affaires du clergé n'allèrent pas mieux que celles du gouvernement; l'arbitraire et le désordre furent partout. Elisabeth avait pour favori le comte Ivan Schouvaloff, homme de mœurs assez douces; mais celui-ci avait un parent nommé Pierre, qu'on avait érigé en grand maître de l'artillerie, et qui faisait un énorme abus de son pouvoir.

La guerre continuait toujours avec la Suède (1743), quoiqu'en général l'avantage fût pour les Russes. Pendant le cours de cette guerre, une conspiration fut ourdie contre Elisabeth; elle avait pour objet le rétablissement d'Ivan VI; mais, conduite sans précaution, elle fut découverte, et tous les conjurés, parmi lesquels se trouvaient plusieurs femmes, subirent la peine du knout, l'amputation de la langue et l'exil en Sibérie. Voulant alors assurer sa succession à un membre de sa famille, Elisabeth appela auprès d'elle le duc de Holstein, fils de sa sœur aînée, âgé de dix-sept ans. En lui faisant embrasser le rit grec, elle fit prendre à son neveu le prénom de Pierre; ensuite elle le nomma grand-duc de Russie et présomptif héritier de l'empire. Dans le même temps, la Suède offrait au jeune Pierre le trône en survivance : le roi actuel de cette contrée était septuagénaire, et n'avait point d'enfants. La paix avec la Suède n'en fut pas moins conclue, et le traité d'Abo assura quelques nouveaux districts de la Finlande à la Russie.

L'année suivante (1744), l'impératrice fit épouser à son neveu une princesse d'Anhalt-Zerbst, devenue si fameuse sous le nom de Catherine II; elle portait auparavant celui de Sophie-Augustine.

Le chancelier Bstuscheff, Russe élevé à Londres, doué au plus haut point de l'esprit d'intrigue et d'une grande activité, se rendit très-utile à l'impératrice, qui détestait l'embarras des affaires, et il avait réussi à faire en quelque sorte de la Pologne une province russe. Malgré l'amour d'Elisabeth pour la paix, il fit si bien qu'il la détermina à déclarer la guerre à la Prusse. Le grand motif qu'il fit valoir pour triompher de ses répugnances, ce fut l'irrévérence de Frédéric pour sa personne. On assure qu'Elisabeth ne céda toutefois qu'en versant des larmes; on ajoute que Bstuscheff, se méfiant de la France, fit assassiner un courrier du cabinet de Versailles, et conduire sous escorte jusqu'à la frontière l'ambassadeur la Chétardie. La France, de son côté, ne resta pas dans l'inaction, elle parvint à coaliser la Suède, la Turquie, le kan de Crimée et la Pologne elle-même contre la Russie.

La guerre qui dix ans plus tard éclata dans le Canada entre la France et l'Angleterre, vint bouleverser en Europe tout l'ancien système des alliances entre les divers souverains. Ainsi l'Angleterre se ligua avec le roi de Prusse, qui convoitait la Hanovre, et Louis XV s'unit étroitement avec l'Autriche. Cette complication d'intérêts embarrassa Bstuscheff, qui montra pour lors autant d'opposition à la guerre contre la Prusse qu'il avait eu jadis d'ardeur à la provoquer : il fut disgracié, et l'impératrice lui donna pour successeur Voronzoff; Elisabeth devint l'alliée de la France et de l'Autriche (1756). Alors commença la guerre dite *de sept ans.*

La première année, le maréchal Apraxin remporta sur les Prussiens une grande victoire non loin de Mémel; on l'accusa de n'avoir pas su ou voulu tirer parti de ses avantages; on lui donna un remplaçant dans le général Fermer. Celui-ci s'empara de Kœnigsberg et gagna la bataille de Custrin. Les trois campagnes suivantes (1759-61) ne furent pas moins heureuses. Dans la dernière, le général Romanzof, qui devait acquérir plus tard une si brillante réputation militaire, emporta la place de Colberg, ce qui commença de le faire connaître.

Les apologistes d'Elisabeth prétendent qu'elle arrosait de ses larmes les lauriers que cueillaient ses armées. Il faut bien croire, si le fait est vrai, que ce n'était là que de la sensibilité d'ostentation; car si réellement elle était peinée de voir le sang couler, qui l'empêchait de s'en montrer véritablement avare, en accueillant les propositions de paix qu'on n'avait cessé de lui faire? Cette paix fut l'ouvrage de son successeur, son neveu Pierre, qu'elle voulait au surplus déshériter, parce qu'au lieu de partager sa haine contre Frédéric, il était un de ses admirateurs passionnés. Sa mort, arrivée à la fin de décembre 1661, empêcha l'exécution de ce projet.

Elisabeth était esclave de préjugés et de superstitions; elle fut tout le temps de son règne agitée des terreurs de la mort. Comme la révolution qui l'avait placée sur le trône s'était faite de nuit, elle ne dormait jamais que le jour, et toutes ses nuits se passaient à veiller; encore, même pendant le jour, ne se livrait-elle jamais sans crainte au sommeil. On la vit quelque temps en correspondance avec Voltaire, à qui elle fournit, à ce qu'il a prétendu, des matériaux pour son *Histoire de Pierre le Grand*, ouvrage bien au-dessous de son sujet. Moscou dut à Elisabeth son université, et Saint-Pétersbourg son académie des beaux-arts.

Pierre III, d'un extérieur fort peu prévenant, horriblement défiguré par la petite vérole, élevé d'abord avec soin comme pour en faire un héros, négligé ensuite et abandonné à lui-même, ne montrant que des goûts communs et des mœurs soldatesques, était monté sans opposition sur le trône de Russie; mais, malgré son enthousiasme irréfléchi pour le roi de Prusse, il était loin de faire prévoir un règne glorieux.

Depuis longtemps la mésintelligence régnait entre les deux époux; Pierre ne quittait l'orgie que pour se donner des passe-temps militaires, tels que des revues ou des exercices.

Lorsqu'on vit Elisabeth perdue sans ressource, on tâcha de rapprocher les deux époux, et l'on y réussit, du moins en apparence. On pensait que les lumières de

Catherine suppléeraient à la sauvage ignorance de Pierre. Catherine voulait qu'il se fît reconnaître au milieu du sénat au lieu d'imiter ses prédécesseurs, qui avaient été proclamés par les soldats; elle avait même préparé le discours qu'il devait prononcer; mais Pierre rendit ces préparatifs inutiles en se présentant devant les gardes, qui aussitôt le proclamèrent. Toutefois, dans les premiers temps, Pierre parut recevoir avec plaisir et même rechercher les conseils de sa femme; il dut beaucoup aussi à son favori Goudovitz, qui passait pour l'homme le plus sage et le plus vertueux de toute la Russie.

Pierre marqua son avénement par trois actes qui excitèrent une vive satisfaction : par le premier, il rappela tous les exilés; le second fut l'abolition de la chancellerie secrète, espèce d'inquisition politique qui s'était exercée activement sous Elisabeth et qui fut rétablie sous Catherine; par le troisième, il affranchit la noblesse des obligations que son aïeul lui avait imposées. Un acte non moins important, et réclamé par la justice, fut la mise en liberté de tous les étrangers qu'Elisabeth avait tenus emprisonnés pendant vingt ans dans les forteresses de la Sibérie; ils retrouvèrent même une partie de leur mobilier dans les *magasins des confiscations*. On rappela de même les autres exilés; Biren revint avec Munich, mais la Courlande semblait perdue pour lui : le roi de Pologne en avait disposé pendant quelques années, et maintenant le tzar en destinait la souveraineté à un de ses oncles.

Bientôt toutefois par d'autres actes Pierre froissa beaucoup d'intérêts; il voulut importer en Russie le code prussien, ce qui indisposa fortement le sénat, les corps judiciaires, et même tous ceux qui avaient l'esprit national; il voulut de plus discipliner l'armée à la prussienne, et l'armée fut très-mécontente; le clergé tenait encore pour lui, il le rendit ennemi en confisquant les biens des monastères; enfin il excita des murmures universels en annonçant son dessein de porter la guerre en Danemark, pour reprendre le duché de Sleswig-Holstein, qui appartenait à ses ancêtres; il acheva de se dépopulariser en affectant d'avoir les mœurs et les manières allemandes. On l'accusait même d'avoir dans son palais une chapelle luthérienne.

Catherine ne se bornait pas à calomnier son mari, elle cherchait encore à gagner pour elle-même la faveur populaire et à se faire des partisans dans la noblesse et parmi les grands. Grégoire Orlof servit de toutes ses forces les vues ambitieuses de cette femme; il avait plusieurs frères qui travaillèrent avec non moins d'ardeur que lui-même à corrompre les soldats du régiment des gardes. La princesse Daschkoff, amie de Catherine, et d'un caractère audacieux et souple en même temps, gagnait la noblesse par des promesses de priviléges. Le ministre Panin, gouverneur particulier du tzarévitch, avait aussi de nombreux amis, qu'il réunit à la cour d'Orlof. Tous les courtisans qui par l'effet des réformes de Pierre avaient éprouvé quelques pertes, entrèrent dans la conspiration.

Les conjurés étaient si nombreux, que quelque chose de leurs projets avait transpiré. L'ambassadeur de Prusse conçut des soupçons, qu'il transmit à son maître. Frédéric écrivit au tzar; il lui conseillait d'abandonner son projet hostile contre le Danemark, ou du moins, s'il y persistait, de se faire sacrer auparavant à Moscou, et surtout de se précautionner contre ses ennemis. Pierre répondit au roi, pour détruire les raisons qu'il avait de ne pas obtempérer à ses avis; et l'on ajoute que le politique Frédéric, après avoir reçu cette lettre, prévoyant ce qui allait arriver, recommanda à son représentant d'avoir pour l'impératrice les plus grands égards. Les conjurés avaient résolu d'attendre, pour agir, que Pierre fût parti pour le Holstein; mais un accident imprévu fit hâter le moment fatal. Sur quelque soupçon, Passeck, l'un des principaux conjurés, fut arrêté; cependant il eut le temps d'écrire ces mots : « Exécutez sur-le-champ, ou nous sommes perdus. »

Aussitôt on court au château de Pétershof, qu'habitait Catherine. Celle-ci, jouant la frayeur, a l'air de chercher un asile au milieu du régiment des gardes d'Ismaïlof; elle se plaint de ce que le tzar a donné l'ordre de la tuer dans la nuit, elle et son fils. Le régiment, gagné d'avance en très-grande partie, la proclame aussitôt souveraine de la Russie; d'autres régiments suivent cet exemple; le corps d'artillerie fait comme les régiments. Catherine se rendit alors à l'église où l'attendait l'évêque de Novgorod, et son trajet fut une marche triomphale; l'air ne cessa de retentir des acclamations unanimes des soldats et du peuple. Cependant un Français, Bressan, valet de chambre de l'empereur, envoie un paysan fidèle à son maître pour le prévenir de ce qui se passait; mais le tzar ne sait point profiter de cet avis. Munich, qui se trouvait près de lui, lui propose de marcher sur Saint-Pétersbourg avec ses deux à trois mille gardes holstenois; il répond du triomphe, il compte ramener les troupes à l'obéissance. Les conseils pusillanimes prévalurent; au lieu de combattre, on voulut négocier; cet admirateur de Frédéric était bien loin alors de celui qu'il voulait prendre pour modèle. Il n'eut pas une lueur de courage; en vain les Holstenois le conjurent de les conduire à l'ennemi; en vain Munich et Goudovitz le pressent de se montrer; la crainte l'emporte. Il écrit à sa coupable épouse, qui ne daigne pas lui répondre; il finit par se rendre à l'avis de son chambellan, Ismaïlof, vendu à Catherine : il se livre à sa mortelle ennemie.

Pierre fut conduit à Pétershof, où on l'abreuva d'outrages; au bout de quelques heures Panin se présenta pour lui arracher un acte d'abdication dont il apportait la formule. L'abdication obtenue, le tzar fut transféré de Pétershof à la maison de campagne de l'un des conjurés. Six jours après, Alexis Orlof et Teplof l'allèrent voir dans sa prison et tentèrent de l'empoisonner; le tzar, subitement atteint de douleurs après avoir bu un verre d'eau-de-vie, refusa d'en boire un second, et il envoya Bressan, qui avait demandé à partager le sort de son maître, chercher du lait pour calmer ses souffrances. A peine Bressan fut-il parti, que les deux assassins, aidés du prince Bariatinski, commandant de la garde, l'étranglèrent avec une serviette. Catherine, en apprenant la mort de son époux, en comédienne habile, versa un torrent de larmes; mais Bressan fut contraint de jurer sur l'Evangile qu'il ne parlerait jamais de ce qu'il avait vu. On publia que Pierre était mort des hémorroïdes. Son règne n'avait été que de quelques mois.

Les assassins furent amplement récompensés : Alexis Orlof fut nommé comte; Teplof devint lieutenant général; le prince Bariatinski, grand maréchal de la cour. Catherine, en donnant de grandes récompenses à ces vils meurtriers, prouva bien que, si elle n'ordonna pas le crime, elle l'autorisa formellement, et qu'elle en profita. Au fond, elle nia toujours qu'elle en eût eu connaissance; mais ses dénégations ne convainquirent personne. Les gardes de Holstein furent renvoyés dans leur patrie; Munich reçut le gouvernement de l'Esthonie et de la Livonie; Goudovitz ne crut pas pouvoir concilier les faveurs de la nouvelle tzarine avec sa conscience; il les refusa. D'autres, suivant l'exemple de Munich, furent moins scrupuleux. Catherine, au surplus, ne négligea aucun moyen d'entretenir l'enthousiasme de la soldatesque, et de ramener à elle la population de la capitale, qui l'avait froidement accueillie.

CHAPITRE XI

CATHERINE II

1762-1796.

Tous ceux qui avaient servi l'usurpation, et aidé *l'étrangère* à monter sur le trône, espéraient de leur dévouement antinational un prix élevé : chacun avait cru ne travailler que pour lui-même; mais, au grand étonnement de tous, ce fut sur Grégoire Orlof, simple officier des gardes, qu'on vit se répandre toute la faveur impériale. Panin et la princesse Daschkoff, qui l'un et l'autre s'étaient flattés de faire établir par Catherine une constitution oligarchique, furent complétement trompés dans leurs espérances. Celle-ci surtout se montra très-irritée; Panin dissimula, et il obtint des récompenses. Déjà gouverneur du tzarévitch Paul, il devint premier ministre, et par sa souplesse il sut se maintenir très-longtemps à ce poste.

Catherine, une fois saisie du pouvoir, dut s'attacher à se faire pardonner, tant par ses sujets que par les puissances européennes, les moyens dont elle s'était servie pour l'acquérir. Ainsi elle suspendit toute aliénation des biens des monastères; et quoique, d'accord avec les philosophes français, anglais et allemands de l'école de Voltaire, elle fît ostentation d'incrédulité, elle se montra en public dévote jusqu'à la bigoterie et à la superstition. Elle n'ignorait pas non plus combien la guerre entreprise par Pierre III au sujet du Holstein était impopulaire : non-seulement elle l'abandonna, mais encore elle céda au prince George, oncle de son mari, le gouvernement de la portion du Holstein que le roi de Danemark n'avait point conquise. Catherine laissa même entrevoir qu'à la mort de George elle pourrait consentir à l'aliénation définitive de tout ce pays.

Les intérêts nouveaux de Catherine avec la Prusse étaient difficiles à concilier avec les anciens ressentiments; mais l'adroit Frédéric, qui avait tout prévu, et qui avait su deviner qu'un grand fonds de vanité dans Catherine dominait les qualités réelles, la flatta sans bassesse, lui fit accepter le cordon de son ordre de l'Aigle-Noir, et obtint, sinon l'alliance de la Russie, du moins sa neutralité : il ne lui en fallait pas davantage. La reine de Hongrie, Marie-Thérèse, n'estimait point Catherine; cependant elle n'en fit pas moins d'utiles démarches pour obtenir sa bienveillance. Catherine ne réussit pas aussi bien à la cour de France. « Le roi pense, disait le ministre Choiseul, que la haine de Catherine II est plus honorable que son amitié. »

En revanche, son succès fut complet en Angleterre; aussi, follement enivrée des éloges que les Anglais lui prodiguaient, elle répétait souvent, dit-on, qu'il n'y avait en Europe que deux nations, la nation russe et la nation anglaise.

Au dedans, Catherine s'occupait avec une activité croissante des moyens de faire naître la prospérité publique, et tout en effet marchait vers l'amélioration. Elle savait que les habitants de Moscou n'avaient point partagé à son avénement l'enthousiasme que ceux de Saint-Pétersbourg avaient laissé voir; elle résolut d'essayer dans cette ville, qu'on regardait toujours comme la capitale de l'empire, le pouvoir de ses fascinations ordinaires; elle se fit d'ailleurs accompagner par son fils Paul Petrowitz. Catherine ne put se dissimuler, à l'accueil qu'elle reçut et à l'empressement qu'on montrait pour le jeune prince, le mécontentement qui régnait dans Moscou; ce fut pourtant dans cette ville qu'elle se fit sacrer, et dans la chapelle des tzars. A la verité elle prodigua les distinctions, les honneurs, les largesses; l'armée et le clergé, sensibles à ses avances, semblèrent, en acceptant ses dons, abjurer leurs sentiments de haine; mais le peuple persévéra; aussi ne fit-elle à Moscou qu'un séjour assez court.

A Saint-Pétersbourg même, le peuple, devenant plus calme à mesure que le prestige s'affaiblissait, montrait par des marques non équivoques son repentir de ce qu'il avait fait; les soldats des gardes eux-mêmes se reprochaient d'avoir trahi leur empereur. Dans ces circonstances, Catherine eut la maladresse de faire prononcer par un synode composé de prélats dévoués la confiscation des biens des couvents précédemment ordonnée, et cette mesure indisposa les membres du clergé, qui répandirent et accréditèrent le bruit que Pierre III avait désigné pour son successeur le prince Ivan. Une première conspiration se forma, mais elle ne produisit que des victimes pour les conjurés; beaucoup d'entre eux subirent la peine du knout, les autres furent exilés en Sibérie.

Les vengeances de Catherine, ou, pour mieux dire, de son favori Orlof, ne s'arrêtèrent point là. Plusieurs anciens serviteurs qui lui faisaient ombrage furent disgraciés; la princesse Daschkow fut reléguée à Moscou. Quant aux anciens conjurés subalternes qui se plaignirent de n'avoir pas eu de récompense, on méprisa leurs clameurs; aussi vit-on éclater une seconde sédition de la part des soldats mécontents. Ce ne fut qu'avec beaucoup de peine qu'Orlof et ses partisans parvinrent à la calmer. Sur vingt-quatre officiers des gardes mis en jugement, quatre furent condamnés à être écartelés; Catherine commua la peine, et les coupables furent envoyés au fond de la Sibérie.

Le ministre Panin crut le moment favorable pour obtenir de l'impératrice l'adoption de son plan de constitution aristocratique, et Catherine fut d'abord séduite; mais Orlof, conseillé par l'ex-chancelier Bstuscheff, fit rejeter le projet; Panin se résigna; et Orlof, bien convaincu de l'ascendant qu'il avait sur l'esprit de Catherine, ne cacha plus l'intention de devenir l'époux de sa souveraine. Catherine elle-même ne parut pas éloignée d'y consentir; mais elle hésitait à manifester ses projets. Bstuscheff fut chargé de sonder l'opinion, en présentant aux prélats et aux grands un projet d'adresse à Catherine pour la conjurer de prendre un époux, afin d'assurer un héritier à l'empire, la santé de Paul étant si faible et si chancelante. L'adroit Bstuscheff avait placé dans l'adresse le nom d'Ivan, comme pouvant devenir cet époux destiné à s'associer à l'empire; mais il l'avait d'abord présentée à des hommes dont il était sûr.

Les premiers signataires furent douze évêques qui, sous divers prétextes, mirent pour condition à leur signature l'exclusion d'Ivan; Orlof alors fut nommé, et les signataires ne montrèrent aucune répugnance; beaucoup de seigneurs avaient imité les prélats; et sans l'opposition de l'hetman Razoumovski et du chancelier Woronzoff suscité par le ministre Panin, Orlof serait devenu empereur de toutes les Russies (1). Woronzoff alla se jeter aux pieds de l'impératrice pour la conjurer de ne pas contracter l'union fatale qu'on lui suggérait.

(1) Ce favori était petit-fils d'un simple strélitz, et celui-ci était un de ceux qui devaient avoir l'honneur d'être décapités de la main de Pierre Ier en punition de leur révolte. On dit que, voyant sur le fatal billot une tête qui y était restée, il la fit tomber, et que Pierre s'en étant aperçu, lui demanda brusquement ce qu'il faisait là. « Je prépare ma place, » répondit froidement le strélitz Orlof. Cette réponse le sauva.

Catherine protesta qu'elle n'avait aucune connaissance de la démarche de Bstuscheff, et qu'elle l'en punirait; mais Bstuscheff ne fut point puni, sa faveur au contraire s'accrut considérablement, et Woronzoff, peu de temps après, ne prévint sa destitution qu'en demandant la permission de voyager, permission qu'il obtint facilement et que d'autres reçurent sans l'avoir demandée.

Catherine n'éprouva pas seulement le désagrément d'avoir échoué dans ses projets d'union; elle eut à triompher de plusieurs conjurations, et sa fortune, plus forte que la haine de ses ennemis, ne trouva bientôt plus d'obstacles. Ce fut alors qu'elle commença de manifester ses vues sur la Pologne et sur la Courlande. Après la condamnation de Biren, le roi de Pologne Auguste III avait donné ce duché à son plus jeune fils, le prince Charles. Pierre III avait rappelé Biren de l'exil, mais ne lui avait pas rendu le duché, qu'il destinait à son oncle; Catherine entreprit de le rendre à l'ancien possesseur. Quinze mille Russes envahirent la Courlande et ouvrirent à Biren les portes de Mittau, sa capitale; mais Charles s'obstinait à rester dans le palais ducal, malgré les injonctions qui lui furent faites au nom de Catherine. Celle-ci saisit l'occasion de se venger de ce prince, qui l'avait autrefois contrariée dans ses vues; et elle fit marcher des troupes vers la Lithuanie, comme si elle eût été dans la ferme intention d'envahir la Pologne. Auguste, qui déjà n'avait plus qu'une très-faible santé, trompé par ces apparences hostiles, écrivit à son fils de se rendre en toute hâte auprès de lui.

Les Polonais se trouvaient alors divisés en plusieurs factions qui toutes avaient pour but de se saisir du pouvoir. Le prince Czartoriski était le chef d'une de ces factions, le comte Potocki en dirigeait une autre; et des prétentions opposées de ces factions diverses naissait une espèce d'anarchie, au milieu de laquelle se balançait l'autorité douteuse d'un roi électif dont on voulait encore diminuer les pouvoirs. Le roi de Prusse, qui tenait les yeux ouverts sur les démarches de Czartoriski, fit annoncer par son ambassadeur qu'il s'opposerait à toute réforme de la constitution polonaise, et il fit partager son opposition par Catherine, qui toutefois voulait attendre, pour agir, la mort d'Auguste III. Le prince Czartoriski s'étant alors désisté de toute prétention à la candidature, les agents et les amis de la Russie firent entendre le nom de Poniatowski, cousin germain du prince. Le représentant de la Russie, le vieux Keyserling, agissant avec trop de mollesse au gré du prétendant, Catherine lui envoya le général Repnin, neveu de Panin, qui favorisait de tout son pouvoir l'élection projetée. Il avait, disait-on, l'espérance, si Poniatowski était roi, de porter Catherine à l'épouser, ce qui l'obligerait de partir pour la Pologne, et de laisser l'empire à Paul Pétrovitch.

Le roi de Prusse avait fait acheter son consentement par le renouvellement, de la part de Catherine, du traité que Pierre III avait conclu avec lui après son avénement; la France et l'Autriche se contentèrent de la vaine déclaration qu'elles ne permettraient pas qu'on gênât les Polonais dans l'exercice de leur droit d'élection. Catherine y répondit par une autre déclaration où il était dit que sa seule intention était de maintenir l'intégralité de ce pays. Cependant le vœu de la nation polonaise était peu favorable à Poniatowski. Dix mille Russes vinrent camper sous les murs de Varsovie. Les puissances étrangères s'alarmèrent; les ambassadeurs de France, d'Autriche, d'Espagne et de Saxe, quittèrent cette ville; le kan de Crimée offrait cent mille soldats pour que la république polonaise fût libre dans ses votes; la Porte protestait de même contre l'élection de Poniatowski: si bien que Catherine, craignant d'attirer sur elle les efforts de tant d'ennemis, se refroidit sensiblement, et il est certain qu'elle aurait abandonné la cause de son ancien favori sans l'adroite persévérance du ministre Panin. A force de soins, de démarches, de ruses, de menaces, d'argent répandu, l'élection eut lieu au champ électoral de Wola, et l'unanimité des suffrages tomba sur le protégé de Catherine (1). Poniatowski fut

(1) Les seuls partisans de Poniatowski formèrent cette assemblée.

proclamé roi de Pologne, au grand mécontentement de la nation polonaise.

Stanislas-Auguste, c'était le nom du nouveau roi, voulut justifier ceux qui l'avaient élevé au pouvoir, en montrant qu'il en était digne : mais il ne tarda pas à se livrer aux plaisirs, au jeu, au luxe le plus effréné. S'il s'était montré circonspect dans les commencements, c'était parce qu'il craignait les puissances étrangères; mais quand il eut vu tomber leurs déclarations dans l'oubli le plus absolu, comme si elles n'eussent pas été faites, il s'abandonna sans contrainte à ses penchants. Les Czartoriski profitèrent de la faiblesee de son caractère pour consommer les réformes qu'ils avaient depuis longtemps en vue, et qu'ils firent adopter par la diète qui suivit le couronnement (1766). Ces réformes, au reste, en diminuant l'influence des grandes maisons princières, en appelant aux emplois des hommes de mérite, en favorisant les classes pauvres, auxquelles on faisait espérer l'affranchissement, tendaient à augmenter et à consolider l'autorité royale. Mais Stanislas-Auguste et la réforme arrivaient trop tard, et de toutes parts les observateurs attentifs remarquaient les symptômes d'une dissolution prochaine.

Catherine venait de faire un roi; elle n'était pas pour cela tranquille sur son trône, et son caractère, devenu ombrageux, établit un système d'espionnage qui s'étendit à tout : on intercepta les lettres, et on se procura à prix d'argent le double des chiffres employés par les puissances étrangères pour correspondre avec leurs ministres. Ce fut par ce moyen qu'elle apprit combien peu on l'estimait en France, et cette découverte ne fit qu'augmenter la haine que déjà elle éprouvait pour Louis XV et son cabinet; par contre-coup, elle rechercha et favorisa les écrivains que le gouvernement français poursuivait. Elle fut en correspondance suivie avec Voltaire; elle fit proposer à Diderot et à d'Alembert d'achever à Saint-Pétersbourg l'impression de l'Encyclopédie, contrariée à Paris par la Sorbonne; elle donna même des marques de sa munificence à tous les hommes dont le nom avait pu arriver jusqu'à elle; et tous ces hommes, y compris Voltaire, vendant leurs éloges pour un peu d'or, devinrent les apologistes de Catherine.

Cependant un grand événement se préparait à la cour de Catherine : Orlof cessait d'être en faveur. Panin, qui s'en aperçut, et qui remarqua aussi les efforts que faisait un jeune officier nommé Wissotzki pour se pousser à la cour, conçut le projet de faire supplanter l'ancien favori. Wissotzki, encouragé par le ministre, osa lutter avec Orlof; mais celui-ci accourut, et obtint le renvoi de son rival, qui reçut pour indemnité un commandement éloigné avec le titre de général-major. Panin, courtisan délié, se rapprocha d'Orlof pour éloigner définitivement le chancelier Woronzoff, revenu depuis peu du voyage qu'il avait prétexté pour se soustraire au ressentiment de l'impératrice. Il fut obligé d'offrir sa démission, et on lui donna en échange une pension de sept mille roubles.

Toutes ces tracasseries de cour n'empêchaient pas Catherine d'intervenir d'une façon très-active dans les affaires de la Pologne, depuis quelque temps livrée à des troubles toujours croissants. Elle exigeait, par l'organe de son ambassadeur Repnin, que l'on fixât *à son gré* les limites des deux Etats sur quelques points contestés; qu'il fût conclu une alliance offensive et défensive qui mettrait à sa disposition une armée de cinquante mille Polonais; qu'on rétractât les réformes ordonnées par la diète, et qu'on prononçât la dissolution de la confédération générale. Le roi de Prusse, de son côté, demandait aussi la fixation des limites, l'abandon de la réforme, et, pour lui tenir lieu d'alliance offensive et défensive, l'exercice du droit de recrutement dans toute la Pologne. Les deux puissances firent marcher des armées pour soutenir leurs demandes; les Polonais cédèrent. Plus tard, ce furent les Polonais qui tentèrent d'opposer de la résistance; cette fois leur roi leur manqua.

Cependant Catherine, qui travaillait à ôter aux Polonais jusqu'à l'ombre de l'indépendance, se montrait disposée à faire jouir ses sujets de quelques droits plus étendus et surtout mieux déterminés; elle imagina la réforme de la législation, encore très-imparfaite ; et pour y parvenir sans avoir l'air d'influer sur les vœux de la nation, elle convoqua une grande assemblée à Moscou. Non-seulement les députés des villes y furent admis, mais encore on y appela, par des représentants, jusqu'aux hordes les plus éloignées. Cette assemblée ne fit d'abord que discuter sur des questions oiseuses ; à la fin, le mot d'affranchissement ayant été prononcé, il en résulta au dehors une telle effervescence, que Catherine, alarmée, craignant que les députés ne fissent alors ce que les députés de la France ont fait en 1789, c'est-à-dire qu'ils n'excédassent des pouvoirs qu'ils n'avaient pas reçus, se hâta de prononcer la dissolution de cette assemblée.

Sur ces entrefaites, un jeune officier nommé Tschoglokoff, parent de Pierre III, et rempli pour ses meurtriers d'une haine profonde, résolut de poignarder l'impératrice, qu'il regardait comme la plus coupable. Il attendit Catherine plusieurs nuits de suite dans un passage obscur du palais, par lequel elle se rendait d'ordinaire à son appartement. Catherine, heureusement pour elle, prenait depuis quelque temps une autre route. L'officier eut l'imprudence de se confier à un camarade qui le trahit. Il fut arrêté sur le lieu même où il était embusqué ; Catherine se contenta de l'exiler en Sibérie. A cette époque furent découvertes les îles Aléoutiennes, et plusieurs savants, pensionnés par l'impératrice, parcoururent les diverses provinces de la Russie, soit pour en lever les plans, soit pour recueillir tous les détails statistiques qu'ils pouvaient obtenir. Catherine faisait aussi acheter de toutes parts des livres, des tableaux et d'autres objets dont elle formait des bibliothèques et des musées. Pour engager ses sujets à se soumettre à la pratique de l'inoculation (la vaccine était alors inconnue), elle se fit inoculer et fit inoculer son fils. Orlof et beaucoup d'autres courtisans l'imitèrent.

Les troubles de la Pologne continuaient toujours, et l'influence de Repnin y devenait chaque jour plus fâcheuse et plus générale ; il ne se faisait plus rien en Pologne sans son aveu, et il jouissait d'une autorité vingt fois plus grande que celle du roi. La diète s'assembla de nouveau en 1768. Elle améliora par ses délibérations le sort des paysans ; mais ce fut à peu près à cela que se réduisit tout le bien qu'elle put faire, tant le joug de la Russie était pesant, tant les membres de la diète avaient peu de latitude. Cependant quelques Polonais patriotes, et entre autres l'évêque Kaminiec, parcouraient l'Europe en cherchant des protecteurs et des alliés pour la confédération qui s'était formée dans la Podolie. Catherine, instruite de l'existence de cette confédération, envoya à Repnin l'ordre d'employer les moyens les plus vigoureux ; et en même temps elle somma Stanislas-Auguste de mettre à sa disposition toutes ses troupes. La Podolie fut ravagée, et une horde cosaque qui se distinguait par le nom de Zaporogues, entrant dans la Pologne même, y commit des actes de la plus féroce brutalité. Ces sauvages auxiliaires firent périr cinquante mille ou même deux cent mille Polonais. Quand les généraux russes crurent la confédération exterminée, ils enveloppèrent les Zaporogues, qu'ils dépouillèrent de leur butin et qu'ils forcèrent d'entrer dans les corps de Cosaques réguliers. Tous les paysans polonais qui avaient aidé ces Cosaques furent pendus au nombre de plusieurs milliers.

Le sultan seul témoigna l'intention d'intervenir à main armée dans les affaires de la malheureuse Pologne ; Repnin n'en montra que plus d'acharnement ; il serait impossible de décrire tous les actes arbitraires d'atroce barbarie auxquels il se livra. Les Polonais résolurent alors de résister à des excès devenus intolérables. L'intervention de la Porte en leur faveur n'eut aucun succès. Le kan de Crimée envahit la province russe appelée Nouvelle-Servie ; beaucoup d'habitants furent faits prisonniers et vendus ; mais au moment où il se disposait à pénétrer en Pologne, il mourut, empoisonné suivant les uns, naturellement suivant les autres ; son armée se dissipa, et la Porte, qui n'était pas plus préparée pour l'attaque que la Russie ne l'était pour la défense, resta dans l'inaction.

La guerre ayant recommencé l'année suivante (1770),

la campagne se termina par l'occupation des principautés de Moldavie et de Valachie; les campagnes suivantes tournèrent de même à l'avantage des Russes; car, quoique les Russes connussent encore fort peu l'art de la guerre, ils devaient l'emporter sur les Turcs, qui l'ignoraient complétement. « Ce sont des borgnes, disait Frédéric, qui ont battu des aveugles. » La nouvelle de ces succès de leurs ennemis n'avait pas découragé les Polonais, et leur confédération, malgré les désastres précédents, reprit une vigueur nouvelle. Stanislas-Auguste lui-même eut l'air de se réveiller d'un long assoupissement. Il envoya, de concert avec son sénat, des plaintes énergiques contre l'ambassadeur Repnin, qui venait d'être remplacé par Wolkonski. Catherine, furieuse, proféra la menace de le détrôner.

Si elle ne l'effectua pas sur-le-champ comme elle le fit plus tard, ce fut parce qu'elle s'occupait de révolutionner la Grèce, non pour l'aider à secouer le joug des Turcs, mais pour la faire passer sous le joug moscovite. L'aîné et le plus jeune des Orlof s'étaient rendus à Venise déjà depuis deux ans; ils y attendirent pendant très-longtemps le résultat des intrigues de leur cour et des agents répandus dans la Grèce. Enfin une escadre russe arriva, remorquée par les Anglais jusqu'à la Méditerranée; elle ne parvint sur les côtes du Péloponèse que dans le commencement de 1770; et les Maïnotes, qui déjà s'étaient plaints au comte Orlof de ce qu'il leur avait donné le nom de *sujets de l'impératrice,* ne furent pas peu surpris du très-faible secours qu'on leur envoyait. Fédor Orlof, qui conduisait cette escadre, leur fit entendre que ce n'était là qu'une avant-garde de la grande flotte que son frère Alexis devait amener. Une seconde escadre était partie en effet sous les ordres du vice-amiral Elphinston. Sur cette assurance, les Maïnotes prirent les armes, et les Russo-Grecs obtinrent d'abord quelque léger succès. Mais la mésintelligence ne tarda pas à se mettre entre le chef des Maïnotes et Fédor Orlof; le premier rentra dans ses montagnes avec tous les siens, et les Russes éprouvèrent plusieurs échecs.

La flotte d'Elphinston ne tarda pas à paraître. Alexis Orlof, chef suprême de l'expédition, blâma tout ce qu'on avait fait, et prétendit donner une autre direction aux affaires ; il alla mettre le siége devant Modon. Cependant les Turcs, réunissant leurs forces, obligèrent les Russes, non-seulement à lever le siége, mais encore à s'enfermer eux-mêmes dans Navarin. Un grand nombre de Grecs furent égorgés par les musulmans, et les Russes, qui auraient pu se défendre dans cette place, jugèrent plus prudent de se rembarquer, livrant à l'épée des Turcs la population entière de la contrée.

Elphinston avait été envoyé du côté de l'île de Chio, pour reconnaître la flotte turque ; les Russes, en quittant le Péloponèse, cherchèrent à se réunir à lui. Quand la jonction fut opérée, on chercha la flotte turque, qu'on aperçut embossée dans le golfe étroit de Tchesmé. Un combat qui s'était d'abord livré entre quelques vaisseaux n'ayant rien produit de décisif, et les vice-amiraux anglais s'étant aperçus de la position désavantageuse que les Turcs avaient prise, conçurent le dessein d'incendier leurs vaisseaux : ils commencèrent par fermer la sortie de la rade, puis ils lancèrent contre la flotte turque deux brûlots dont un parfaitement dirigé mit le feu aux premiers bâtiments ; l'incendie se communiquant rapidement d'un navire à l'autre, toute la flotte turque périt par les flammes. Plus de cent bâtiments sautèrent, et vingt mille Turcs perdirent la vie. Catherine voulut faire honneur au comte Orlof de cette victoire, ou plutôt de cet événement, qui ne fut pas même un combat ; mais il est certain que tant que dura l'action le comte Orlof se tint hors de la portée du canon, et que toute la gloire, si un tel succès peut être glorieux, appartient aux vice-amiraux anglais Elphinston et Greig.

La campagne de terre, conduite d'après les plans fournis par le roi de Prusse, eut des résultats plus solides. Ce fut dans cette campagne que le général Romanzof acquit la réputation de grand général. Forcé de mettre des garnisons dans les places de la Moldavie, ou de renforcer celles qui existaient déjà, il se trouvait réduit à dix-huit mille hommes, n'ayant de vivres que pour trois jours, lorsqu'il se vit soudain enveloppé par cent cinquante mille ennemis, presque tous Tartares armés de flèches. Romanzof attaqua ces bandes, les vainquit et les mit dans une déroute complète. La peste qui éclata dans le camp des Russes, et de là gagna Moscou, ne vengea que trop bien les Tartares. Ce fléau fit dans la capitale les plus grands ravages. Grégoire Orlof n'hésita pas à se rendre au milieu du foyer de la contagion pour ordonner des mesures sanitaires, et fit preuve du plus louable dévouement.

La Porte, effrayée de ses pertes, demanda la paix. La Russie exigeait pour conditions la libre navigation dans la mer Noire, la cession d'Azof, une amnistie pour les Grecs et l'indépendance des Tartares. L'Autriche, alarmée des suites que pouvaient avoir ces demandes, se hâta de conclure une paix particulière avec la Porte (1771); mais ce traité resta sans exécution de la part de l'Autriche, qui aima mieux accepter la proposition qui lui fut faite par la Russie et la Prusse de prendre une part des dépouilles de la Pologne. Les confédérés polonais, dirigés pendant deux ans par le Français Dumouriez, devenu depuis général célèbre, avaient accepté et approuvé la déclaration de la vacance du trône, faite par leurs anciens chefs réfugiés en Turquie; en conséquence quelques-uns d'entre eux s'étaient chargés d'arrêter le roi déchu, et de le prendre mort ou vif. Mais le Ciel permit que les conjurés, qui déjà tenaient Stanislas prisonnier, s'égarèrent dans la campagne en sortant de Varsovie; un seul était resté auprès du roi; touché de repentir, il se jeta aux pieds du souverain, lui demanda grâce et le sauva. Cet accident fit beaucoup de tort à la confédération, qui ne tarda pas à être dissoute (1772). Ce fut ce moment que les trois puissances limitrophes de la Pologne, la Russie, l'Autriche et la Prusse choisirent pour démembrer cette contrée, et s'en approprier chacune une portion, ce qui fit perdre aux Polonais un grand tiers de leur territoire.

On croit assez généralement que ce démembrement

fut convenu en 1770, lorsque le prince Henri de Prusse se rendit à Saint-Pétersbourg, sous prétexte d'assister aux fêtes occasionnées par les grandes victoires remportées sur les Turcs. Quoi qu'il en soit, la Russie obtint les palatinats de Mscieslaw, de Witebsk, la Livonie polonaise et une partie de Polotsk avec douze cent mille âmes de population; l'Autriche, mieux partagée, acquit deux millions et demi d'habitants et tout le pays de la rive droite de la Vistule depuis sa source jusqu'au confluent de la Sanna. La Prusse reçut la Warmie et la Prusse polonaise, à l'exception de Thorn et de Dantzig; mais comme ces deux villes valaient mieux qu'une province, le roi accepta sa portion, à laquelle il avait l'espérance de les ajouter. Au reste, les deux dernières puissances mirent beaucoup de mauvaise foi dans la fixation des limites; chacune d'elles empiéta considérablement sur le territoire qu'on laissait aux Polonais.

Catherine ne perdait point de vue la Grèce. Elle fit partir Alexis Orlof avec une flotte et vingt millions de roubles; mais les exploits de la flotte se bornèrent à inquiéter la marine turque, qui vit détruire quelques-uns de ses navires; ceux du comte Orlof consistèrent à prodiguer sans mesure, et même avec toute la grossièreté d'un barbare, les millions qu'il avait reçus pour acheter des partisans dans la Grèce. Cette même année 1772 fut remarquable par la révolution qui s'opéra dans le gouvernement de la Suède en faveur de l'autorité royale.

La Turquie se disposait à reprendre les hostilités; mais il y eut des négociations entamées avant qu'elles éclatassent. C'était Grégoire Orlof, le favori de l'impératrice, qui s'était chargé de les diriger; mais à peine commençait-il de remplir sa mission qu'il partit pour Saint-Pétersbourg, sur l'avis qu'il reçut qu'on cherchait à le supplanter auprès de Catherine. En effet, un nouveau chambellan venait d'être nommé: c'était un jeune officier des gardes, Wassiltschikoff; et lorsque Orlof se présenta aux portes de la ville, l'entrée lui en fut refusée. Il se retira de dépit dans une de ses terres, refusa de se démettre de ses emplois, et Catherine se crut en quelque sorte obligée de composer avec lui. Il reçut d'elle deux cent mille roubles, une pension de cent cinquante mille, une belle terre avec six mille paysans, et la faculté de prendre le titre de prince du Saint-Empire, qu'il avait précédemment obtenu ; Orlof de son côté promit de voyager pendant quelques années.

Romanzof, qui avait remplacé Orlof au congrès de Fokshani, où il était question de la paix avec la Turquie, s'y montra si peu disposé, que les négociations se rompirent. La guerre continua (1773) avec des chances à peu près égales; mais l'année suivante le grand-visir, battu plusieurs fois, et serré de près par Romanzof, se hâta de proposer et de conclure la paix (paix de Kaïnardgy); le fameux Souwarow servait sous Romanzof dans cette campagne.

La paix était nécessaire à la Russie, car la révolte des Cosaques du Yaïk prenait un caractère alarmant. Elle avait commencé en 1773; les exactions et les violences des préposés russes l'avaient déterminée; un Cosaque déserteur à qui un moine grec avait trouvé de la ressemblance avec le malheureux Pierre III, vint leur offrir un chef audacieux et brave. Il s'appelait Pugatscheff; mais il profita mal des avantages signalés qu'il avait obtenus, et il perdit le temps à faire des siéges au lieu de marcher sur Moscou, où plus de cent mille hommes se seraient joints à lui. On ne sait d'ailleurs s'il aurait réussi; ce fut la trahison, non la force qui le vainquit; trois de ses lieutenants, gagnés par les offres de l'impératrice, le chargèrent de liens et le livrèrent aux Russes; il périt dans les supplices. Le Yaïk, par ordre de Catherine, reçut à cette occasion le nom d'Oural.

Il fut ensuite question de donner une épouse au grand-duc Paul. On choisit pour lui la princesse Wilhelmine, qui prit le nom de Natalie Alexiewna. Grégoire Orlof, après cinq mois d'absence, avait reparu, et Catherine n'osa le renvoyer. Le nouveau favori fut congédié, mais Orlof ne recouvra point son ancienne place: elle fut prise par Potemkin, qui bientôt après, sacrifié par l'humeur versatile de cette capricieuse souveraine, conserva néanmoins tout son crédit. Catherine parvint même, dit-on, à le réconcilier avec Orlof, du moins en apparence (1775). Elle s'occupa ensuite d'une nouvelle organisation administrative et judiciaire, et de diverses réformes qu'elle négligea de rendre complètes par l'affranchissement du peuple; mais cette femme qui, dans sa correspondance *philosophique* avec Voltaire, professait des principes très-libéraux, ne perdait pas chez elle une seule occasion de consolider les chaînes qui surchargeaient les Russes. Elle ne laissa pas néanmoins que de doter le pays d'institutions utiles : elle établit des greniers de réserve, et une banque à Tobolsk en Sibérie; elle divisa les marchands en cinq classes et multiplia les marchés et les foires; mais elle négligea les colonies qu'elle avait jetées sur les frontières de la Tartarie, toléra ou ne punit point les exactions des officiers russes, ce qui occasionna l'émigration de la horde des Tourgouthes, et plus tard la révolte des Baschkirs.

Cependant le grand-duc venait de perdre son épouse, Wilhelmine; le prince Henri de Prusse, qui se trouvait pour la seconde fois à Saint-Pétersbourg (1776), avec la mission, disait-on, de proposer un second partage de la Pologne à l'impératrice, qui l'aurait accepté de bon cœur, avait parlé de la princesse Sophie-Dorothée de Wurtemberg, nièce de Frédéric; le grand-duc, désireux de la voir, partit avec le prince Henri; et peu de temps après cette princesse devint grande-duchesse de toutes les Russies.

La paix n'avait pas été troublée depuis quelque temps; Catherine désirait presque la guerre. Un de ses vaisseaux ayant été arrêté dans la Méditerranée par les Espagnols, elle voulait la déclarer à l'Espagne. Le ministre Panin l'en détourna, en lui offrant pour appât son plan de *neutralité armée*, qui devait consister à mettre sous la protection de la Russie les droits de tous les neutres; ce qui, disait adroitement Panin, rendait Catherine arbitre et législatrice des mers. Catherine, flattée par la perspective qui s'ouvrait devant elle, accueillit avec joie la proposition de Panin, et ses panégyristes n'ont pas manqué de lui attribuer l'honneur d'une mesure qu'elle n'a fait qu'adopter, mais dont l'idée appartient à un autre.

Par l'effet de cette mesure, à laquelle plusieurs puissances accédèrent, le commerce extérieur de la Russie prit beaucoup d'extension. Mais un tel succès ne suffisait pas à l'ambition de Catherine : elle désirait depuis longtemps la possession de la Crimée. Elle craignait, il est vrai, l'opposition de l'Autriche ; mais Marie-Thérèse avait cessé de vivre, et Catherine se flatta de trouver son successeur Joseph II accessible à ses vues. Elle ne se trompait pas ; Joseph, attiré par elle dans ses Etats, consentit à lui laisser prendre la Crimée, pour qu'elle consentît à lui laisser prendre à lui-même la Bavière. Ils s'engagèrent de plus, l'un et l'autre, à rendre à la Grèce son indépendance. Ces conventions furent insérées dans le traité de Tzarkoë-Sélo (1781).

Ce ne fut pourtant qu'au bout de deux ans (1783) que la Crimée fut envahie. Le kan fut obligé de céder aux Russes sa souveraineté pour une pension qui ne lui fut point payée. Pour s'en débarrasser, Catherine le fit livrer aux Turcs, qui le décapitèrent. Potemkin, qui avait dirigé cette expédition, ordonna le massacre de tous les Tartares qui opposeraient la moindre résistance, et cet ordre fit périr trente à quarante mille infortunés. Catherine ne rougit pas de publier un manifeste apologétique où il était dit que *l'invasion de ce pays n'avait eu lieu que pour le bonheur de ses habitants*, et que pour mettre un terme aux troubles de la Crimée elle réunissait ce pays à son empire. La Porte, retenue par la crainte de déplaire à la France et à l'Autriche, consacra par un nouveau traité les empiétements de la Russie.

Potemkin était alors le seul homme qui eût de l'ascendant sur l'esprit de Catherine. Plusieurs favoris s'étaient succédé à la cour ; mais la mort du dernier d'entre eux lui avait causé de longs regrets. On assure que Potemkin, qui voulait conserver la position qu'il s'était faite, profita de la circonstance pour chercher à obtenir secrètement le titre d'époux. Grégoire Orlof était mort depuis peu ; le vieux Panin l'avait accompagné dans la tombe; nul autre qu'eux ne pouvait dissuader l'impératrice de cette union, peu conforme à sa dignité.

Dès que les regrets de Catherine se furent émoussés, elle reprit ses anciens plans d'amélioration; malheureusement elle commençait beaucoup de choses et n'en finissait aucune, ou ne les finissait qu'imparfaitement. On lui doit pourtant la création d'établissements sanitaires, d'hôpitaux civils et militaires, et d'hospices pour les femmes en couches, pour les enfants trouvés, pour les inoculés; Catherine fonda aussi divers colléges, et un très-grand nombre d'institutions pour les sciences, les lettres et les arts.

Elle se vantait surtout de sa tolérance religieuse, qualité qui doit perdre beaucoup de son prix quand on considère qu'elle n'était chez elle que le résultat de son indifférence absolue pour toutes les religions. Quoi qu'il en soit, elle écrivit plus tard au souverain pontife, pour le déterminer à recréer l'ordre des jésuites. Elle fit plus, elle offrit un asile en Russie à tout ce qui restait de cette société fameuse, et elle fonda un séminaire de jésuites à Mohilof, ce qui ne l'empêcha pas de faire un traité de commerce avec la France, qui les avait bannis. Cependant Potemkin, devenu gouverneur général de la Crimée et grand amiral de la mer Noire, pressait l'impératrice de visiter sa conquête; Catherine partit au commencement du printemps (1787). Il n'est pas nécessaire de rappeler que son voyage ne fut qu'un enchantement perpétuel; à la vérité, il coûta sept millions de roubles (vingt-huit millions de francs). A son retour, en traversant les champs de Pultawa, elle eut une représentation de la fameuse bataille de ce nom, donnée par deux armées russes qu'on avait exprès rassemblées en ce lieu.

Le sultan sentait parfaitement que la conquête de la Crimée n'était que le prélude de la guerre qu'il aurait bientôt à soutenir, et il s'y prépara; mais Catherine, qui la désirait, obsédée par Potemkin, avait réuni des troupes nombreuses, et quatre-vingt mille Autrichiens devaient lui servir d'auxiliaires. Elle avait acheté la neutralité de la France et de l'Angleterre en leur accordant des traités de commerce; du Danemark en lui confirmant la cession du Holstein ; de la Prusse en faisant valoir des considérations politiques fondées en partie sur le mariage du grand-duc avec la nièce du roi. Il n'en fut pas de même de la Suède. Gustave III prétendait avoir des sujets personnels de plainte ; l'ambassadeur russe à Stockholm y appuyait ouvertement tous les mécontents : il voulait faire le Repnin. Il résolut donc de déclarer la guerre à la Russie; il avait eu la précaution de conclure avec la Porte un traité d'alliance ; mais, trop peu patient, au lieu d'attendre le départ de la flotte russe et celui des corps qui se trouvaient encore dans les provinces septentrionales, il fit mettre à la voile, et ses vaisseaux furent battus par ceux de Catherine. La guerre fut pourtant suivie pendant deux ans, et Gustave n'avait pas eu de grands avantages; mais au moment où l'Angleterre et la Prusse semblaient disposées à le soutenir, la défection se mit dans son armée, et ses officiers, vaincus par les roubles russes, refusèrent de lui obéir. Gustave fut obligé de souscrire à la paix (1790).

Les trois campagnes qui venaient d'avoir lieu contre les Turcs avaient été bien plus décisives. Souwarow et Repnin avaient le commandement des troupes; Potemkin en était le généralissime. Le siége d'Oczakof coûta aux Russes vingt mille hommes; par représailles, la garnison et les habitants furent tous passés au fil de l'épée. Souwarow fut de tous les généraux russes celui qui remporta le plus de victoires: en même temps il fut le plus cruel de tous, et le sac d'Ismaïl surpassa en horreur le sac d'Oczakof. On tenta pour la seconde fois à cette époque d'insurger la Grèce, entreprise qui échoua complétement.

L'Autriche la première entama des négociations pour la paix ; la Prusse, l'Angleterre et la Hollande offrirent leur médiation, qui fut acceptée ; et le traité de paix fut conclu et signé à Yassi. La Russie obtint la possession d'Oczakof. et quelques cantons sur le Dniester; l'Autriche n'obtint rien ; la Suède n'avait rien obtenu ; et la guerre avait coûté à ces diverses puissances ainsi qu'à la Turquie des sommes énormes et le sang d'un million d'hommes. Le provocateur de cette guerre, l'ambitieux Potemkin, n'en vit pas la conclusion. Une fièvre épidémique envahit la ville d'Yassi, où il se trouvait; il en sortit précipitamment pour fuir la mort, et la mort le poursuivit et l'atteignit sur la grande route. Catherine disposa de cent mille roubles pour lui faire ériger un tombeau.

Vers le même temps, les Polonais, après avoir passé par toutes les crises inséparables de l'espèce d'anarchie où ils vivaient depuis tant d'années, car on ne sait quel nom donner à un gouvernement qui n'est ni monarchique ni républicain; après avoir subi un démembrement, suite nécessaire de l'affaiblissement où ils étaient tombés, venaient de se donner une constitution (1791) qui était la moins imparfaite de toutes celles qu'ils avaient eues. Catherine regarda cette création comme une insulte où *ses droits de protection* étaient méconnus; elle ne tarda pas à déclarer la guerre aux Polonais. Le roi Stanislas, qui pensait avoir encore quelque ascendant sur l'esprit de la tzarine, et que celle-ci méprisait, reçut l'injonction de se déclarer contre la nouvelle constitution, et il obéit. L'armée, qui déjà s'était réunie, n'ayant ni magasins, ni munitions, ni armes, car tout se trouvait au pouvoir du roi, fut obligée de se séparer, et la Pologne resta sans défenseurs.

Les progrès de la révolution française (1792) alarmaient toutes les puissances. Catherine, qui par sa position n'en pouvait rien craindre, profita de ces terreurs pour liguer contre la malheureuse Pologne l'empereur François II et le roi de Prusse Frédéric-Guillaume, qui avaient succédé, l'un à Léopold II, l'autre au grand Frédéric. Elle prétexta que les principes de la révolution de France avaient germé dans la Pologne, et, pour éviter le danger qui pouvait en résulter pour ses voisins, ceux-ci, dans leur étrange désintéressement, résolurent de lui faire subir un second démembrement. Dans ce nouveau partage, ce fut la Russie qui prit la plus forte part; la meilleure partie de la Petite-Pologne et du grand-duché de Lithuanie devinrent provinces de l'empire russe. Pendant la célèbre diète de 1793, réunie à Grodno pour ratifier ces spoliations, plusieurs des Polonais opposèrent quelque résistance; mais ils paraissaient subjugués par une force inconnue et irrésistible.

Ce ne fut qu'au bout de deux ans de souffrances que plusieurs habitants de Varsovie formèrent le projet de résister par la force à l'oppression étrangère. L'armée fut bientôt d'accord avec la bourgeoisie; le général Kosciuszko fut nommé chef suprême. Les Polonais furent vainqueurs dans un premier combat (1794); ce succès enflamma tous les courages. Varsovie, Vilna, d'autres villes s'insugèrent et chassèrent les Russes; les Prussiens furent aussi forcés de lever le siége de Varsovie; mais les Russes reçurent de nombreux renforts. Fersen commandait les premiers, Souwarow les seconds. Kosciuszko, battu et couvert de blessures, vit tout d'un coup se fermer la carrière de liberté où il venait d'entrer. Souwarow assiégea et prit Praga, un des faubourgs de Varsovie; les horreurs du sac d'Ismaïl s'y renouvelèrent; et sans compter neuf à dix mille Polonais qui périrent les armes à la main, les Russes massacrèrent trente mille individus de tout âge et de tout sexe. Varsovie soumise, tout ce qui restait de Polonais armés se soumit aussi. Dombrowski avait proposé de réunir tous ces débris en un seul corps, d'emmener le roi et les membres du conseil de gré ou de force, et d'aller joindre à travers l'Allemagne les troupes françaises alors sur le Rhin. Ce projet fut jugé impraticable; l'insurrection resta comprimée. La Russie prit tout le reste de la Lithuanie, de sorte qu'elle se trouva elle seule posséder plus de la moitié de l'ancienne Pologne. Le faible Stanislas, traîné à Grodno par les Russes, fut condamné à signer son abdication.

Catherine ne craignait pas que les principes révolutionnaire de France pénétrassent dans ses Etats; toutefois elle redoubla de précautions: toute introduction de livres français fut sévèrement prohibée; des mesures préventives et répressives furent prises contre la presse; les Français qui étaient en Russie se virent obligés de prêter un serment de haine au principes démocratiques. Son antipathie contre la France républicaine n'empêchait pas Catherine de poursuivre ses vues d'agrandissement. Le duc de Courlande Biren était mort, et son fils aîné ne savait ni se faire aimer ni se faire craindre par la noblesse. Catherine, sous divers prétextes, attira le duc à Saint-Pétersbourg, et dans l'intervalle elle se fit offrir par les Etats de Courlande assemblés la souveraineté de leur pays. On pense bien que cette offre fut acceptée (1795).

Cette facile conquête ne fit que réveiller dans son esprit un projet qu'elle avait conçu depuis longtemps, projet si vaste, que, pour s'imaginer qu'il pouvait être réalisé, il fallait pour ainsi dire être en démence. Il s'agissait de subjuguer tout le pays qui, de la mer Caspienne, s'étend jusqu'au golfe Persique. La Perse conquise ouvrait les avenues de Constantinople; le commerce de l'Inde reprenant son ancien cours, l'Angleterre, la France, la Hollande, étaient ruinées; la mer Noire la mer Caspienne, le golfe Persique, se couvraient de vaisseaux russes. L'Angleterre, d'abord alarmée lorsqu'elle fut instruite des préparatifs que faisait Catherine, calma ses inquiétudes lorsqu'elle sut à quelles conquêtes elle les destinait. L'armée russe avait son rendez-vous à Kizlar, sur la mer Caspienne. Comme les troupes dont elle devait se composer avaient d'immenses espaces de pays à traverser, elles arrivèrent diminuées d'un tiers. Les provinces persanes ne tardèrent pas à être envahies. Méhémet-Kan, qui régnait alors sur la Perse, bien convaincu que la tactique européenne donnerait aux Russes trop d'avantage sur ses soldats, se retira peu à peu devant eux; mais, dévastant le pays à mesure qu'il reculait, il ne laissa derrière lui qu'un vaste désert, où les Russes, déjà affaiblis, perdirent tant d'hommes, qu'ils se trouvèrent bientôt réduits à dix-huit mille.

Catherine, incapable de céder aux obstacles, fit partir pour l'Orient des renforts considérables. Dans le même temps, aidée des subsides de l'Angleterre, elle envoyait une armée sur le Rhin pour prendre part à la grande lutte de l'Europe contre la France, et elle plaçait cette armée sous les ordres de Souwarow. Catherine ne bornait pas son ambition à la gloire d'étouffer la révolution française (1796), elle voulait encore dominer en Suède, en faisant épouser sa petite-fille Alexandrine par le nouveau roi de Suède, fils de Gustave III. Le duc de Sudermanie, régent du royaume, peu disposé pour ce mariage, aurait rompu toutes les négociations qui s'y rapportaient, s'il n'avait été retenu par la crainte; il exigea seulement que le mariage fût différé jusqu'à la majorité du roi. Cette époque arrivée, le roi se rendit à Saint-Pétersbourg, mais le mariage ne se fit point : Catherine exigeait que sa petite-fille conservât sa foi, et le roi refusa d'enfreindre la loi qui voulait que toute princesse appelée à monter sur le trône de Suède professât le luthéranisme.

On dit que Catherine, à qui rien jusque-là n'avait résisté, fut si douloureusement affectée du refus du jeune roi de Suède, qu'elle se trouva mal; elle eut même une légère attaque d'apoplexie. Depuis ce moment, elle fut presque toujours indisposée jusqu'au 16 novembre, jour où rien n'annonçait sa fin prochaine, et qui fut pourtant l'avant-dernier de sa vie. Elle venait d'entrer dans un cabinet, annonçant qu'elle allait revenir; comme elle tardait, un valet de chambre ouvrit la porte, et la trouva étendue sur le sol, la face contre terre, sans mouvement. Le seul battement de son cœur indiquait encore un reste de vie; elle expira au bout d'environ trente-six heures, sans avoir recouvré l'usage de ses sens; ce qui fut très-heureux pour son fils Paul, qu'elle avait, dit-on, l'intention de déshériter pour lui substituer le grand-duc Alexandre.

Paul arriva en toute hâte à Saint-Pétersbourg; sa mère vivait encore; mais au moment même où elle rendit l'esprit, il fut salué du nom d'empereur, et Alexandre de celui de tzarévitch.

Il est presque impossible de dire ce que fut Catherine; on trouve dans sa vie tant de traits diamétralement opposés, les uns fruit de la bienveillance, les autres engendrés par la perversité; on la voit si souvent bonne, franche, humaine, et si souvent perfide, fausse et cruelle; on reconnaît en elle tant de bonnes, tant de mauvaises qualités, qu'on ne sait ce qui domine le plus en elle, du bien ou du mal, et qu'on ne sait pas davantage si ce qu'on voit dominer vient de son cœur, de son esprit, ou de ce qu'elle a pu regarder comme une nécessité politique. Elle a eu des censeurs qui ne l'ont pas épargnée, et des apologistes qui ont outré l'éloge. Ce qu'on ne peut se dissimuler, c'est que sa morale n'eut rien de sévère; que pour enrichir de vils favoris elle prodigua des trésors qu'elle ne devait qu'à la sueur *de ses esclaves;* et qu'elle versa leur sang par torrents, sans regret et sans scrupule, pour soutenir quelque prétention vaine ou injuste, ou des guerres entreprises sans motif. Elle n'a jamais été lavée non plus du meurtre de son époux.

Ajoutons ce qu'on lit dans une histoire moderne de la Russie: « Catherine n'avait de persistance que dans l'ambition; elle ne savait ni achever ni entretenir: aussi survécut-elle à presque tous les monuments et à presque toutes les institutions de sa création. Les finances délabrées; le crédit anéanti; les provinces épuisées par la famine et la guerre; une administration viciée dans toutes ses parties; des dilapidations, des abus, des désordres de toute espèce; une magistrature corrompue: tels sont les principaux traits du tableau que Paul lui-même, dans divers manifestes, trace de la fin du règne de sa mère. On peut y ajouter l'exemple du meurtre, du plus grand relâchement des mœurs, donné du haut du trône; la Pologne noyée dans le sang et dévorée par l'incendie; la Crimée dévastée et de florissante devenue déserte; dans la Russie proprement dite, le joug de la servitude étendu et appesanti. »

CHAPITRE XII

PAUL PETROVITCH, ALEXANDRE Ier, NICOLAS Ier, ALEXANDRE II.

1796-1855.

Les premiers actes de Paul, que dans la suite on surnomma Temnoï (le Ténébreux), annoncèrent, ou plutôt semblèrent annoncer un beau règne; il rompit le traité des subsides fait par sa mère avec l'Angleterre; il rappela les armées des frontières, ne voulant continuer la guerre ni contre la Perse ni contre la France; il fit brûler pour six millions de roubles de papier-monnaie qui n'avaient pas encore été mis en circulation; il rendit de justes honneurs à la mémoire et aux restes de Pierre III; il remit en liberté Kosciuszko et ses compagnons d'infortune; il dédommagea par de nouveaux égards le roi Stanislas de la perte de sa couronne; il récompensa les anciens serviteurs de sa mère; il changea la circonscription des gouvernements et des provinces, dont plusieurs changèrent de nom; il ordonna des économies dans les dépenses publiques; il fit quelques améliorations dans l'administration militaire. Mais bientôt ces commencements ne laissèrent point de traces, et Paul devint le tyran de sa famille et de ses sujets; il se livra à des prodigalités sans mesure; donna pour récompense à ses courtisans, à l'occasion de son couronnement, des terres sur lesquelles se trouvaient quatre-vingt-deux mille serfs qui, devenant la propriété des particuliers, passaient de l'état de vassalité au plus rude esclavage; augmenta considérablement les impôts; rétablit l'ancien usage de se prosterner devant lui partout où il se trouvait; il fit jeter en prison ceux qui manquaient à l'étiquette, quoiqu'ils alléguassent qu'ils ignoraient qu'elle eût été rétablie.

Les écarts de Paul ne se bornèrent pas à de folles dépenses, à des bizarreries; il devint cruel, plus d'une fois il parut en démence. Caligula, qui fit son cheval consul, pouvait avoir un but, celui d'humilier le sénat et les patriciens de Rome; Paul, qui fit juger un cheval qui avait fait un faux pas sous son auguste personne, le condamna à recevoir cinquante coups de bâton, et fit exécuter la sentence en public, comptant les coups lui-même et criant à chaque coup : *c'est pour avoir manqué* à l'empereur, Paul était certainement privé de sa raison.

Ce prince portait dans ses goûts, dans ses habitudes, un cachet d'origine qui rappelait Pierre III. Aussi, a dit un écrivain : « en changeant les noms et les dates, on pourrait prendre l'histoire de l'un pour l'histoire de l'autre. » Seulement il faut ajouter que Paul III poussa plus loin que son père l'extravagance de ses manies. Il avait commencé par donner aux soldats le vieux costume allemand; il proscrivit ensuite les chapeaux ronds; puis il ordonna que tous les chevaux fussent sellés à l'allemande : des peines très-graves atteignaient quiconque ne se conformait pas à la volonté du despote.

Sa haine profonde pour les Français lui fit d'abord prendre des mesures contre tout ce qui venait de France : papiers, marchandises, voyageurs, rien ne pouvait pénétrer en Russie. Les Français qui s'y trouvaient établis furent expulsés; bientôt après tous les étrangers eurent le même sort.

Marchant d'innovations en innovations, Paul, qui de sa propre autorité s'était fait grand maître de l'ordre de Malte, créa une noblesse titrée et abolit l'anoblissement par les charges. Se regardant comme chef de toutes les églises de son empire, il exigea que chacun se conformât exactement aux pratiques de son culte. Ainsi il ordonna aux catholiques de se confesser et de faire leurs pâques, aux émigrés français d'aller à la messe.

Il serait trop long de rapporter toutes les extravagances auxquelles il se livra sur toutes sortes de matières : qu'il suffise d'en citer une. Après s'être mis dans la tête d'être grand maître de l'ordre de Malte, il voulut nommer à toutes les dignités de l'ordre; en conséquence, il nomma commandeurs son favori Koutaisow et son valet de chambre. Plusieurs femmes de sa cour eurent aussi des commanderies.

Nous avons dit que Paul s'était retiré de la coalition contre la France lorsqu'il monta sur le trône. Cependant sa haine permanente, et même toujours croissante; les empiétements des Français (1798) en Allemagne, en Italie, en Egypte; la prise de Malte, où il prétendait, lui, envoyer comme grand maître une garnison russe; les revers éprouvés par l'Autriche; la peur de la propagande républicaine; les instances continuelles des Anglais : tout se réunit pour l'entraîner dans la coalition nouvelle qui s'était formée, et dans laquelle étaient entrées l'Autriche, la Saxe, et même la Porte, qui ne voulait pas les Français en Egypte. Le vieux Souwarow fut mis à la tête de l'armée alliée; non moins singulier ni bizarre que son maître, mais brave, frugal, méprisant les commodités de la vie, superstitieux, ignorant, abhorrant les Français, il se montrait digne de celui qu'il servait.

Souwarow gagna la bataille de Novi; lorsque Paul en reçut la nouvelle, il lui décerna le surnom d'*Italique*, ordonna qu'on lui rendît les mêmes honneurs qu'au tzar, et qu'on le regardât à l'avenir comme *le plus grand capitaine de tous les temps, de tous les pays et de tous les peuples.* Paul et le sultan, enivrés par le succès, joignirent leurs escadres, qui allèrent attaquer les îles Ioniennes. Ils en expulsèrent les garnisons françaises, et constituèrent pour ces îles un véritable gouvernement républicain : singulière création de deux despotes, qui pourtant n'est pas plus étrange que la formation de principautés et de royaumes par la république française. Paul ne se contenta pas d'avoir une escadre dans l'Archipel; il en envoya une sur les côtes de la Hollande, tandis qu'une armée considérable marchait vers la Suisse sous le commandement de Korsakov, non moins sauvage ni grossier que Souwarow, mais bien moins habile que lui. La bataille de Zurich, gagnée par Masséna, prouva au présomptueux général qu'il n'était pas aussi facile de vaincre les soldats français que de battre les paysans polonais ou lithuaniens. Souwarow accourait de l'Italie à travers les Alpes. En apprenant la défaite de Korsakov, il poussa des cris de rage; mais bientôt lui-même, contraint sinon de fuir, au moins de battre en retraite, il perdit ses blessés, ses bagages et quelques pièces d'artillerie. Il réussit pourtant à recueillir les débris de l'armée de Korsakov.

Les Russes ne furent pas plus heureux en Hollande, et après la bataille de Kastricum, qu'ils perdirent contre le général Brune, ils furent obligés de se rendre à discrétion à leurs vainqueurs. On ne saurait peindre la fureur de Paul lorsqu'il reçut la nouvelle de ces désastres. Il avait préparé à Souwarow une entrée triomphale ; mais, dans sa colère, il le déclara coupable d'avoir contribué aux malheurs de l'armée d'Helvétie, par un séjour trop long en Italie. Cette ingratitude du despote tua Souwarow : il mourut de chagrin, ou du moins le chagrin hâta la fin de ses jours. Cependant l'empereur, qui ne pouvait pas se persuader que ses soldats eussent été vaincus s'ils avaient été secondés par les alliés, s'en prit à ceux-ci de ses défaites, et il envoya l'ordre à tout ce qui restait de ses troupes de rentrer sur-le-champ en Russie; il prétendait, et ce n'était peut-être pas sans raison, que les alliés avaient ménagé leurs propres troupes aux dépens des siennes.

Le mécontentement de Paul, le seul qui, dans cette coalition, eût agi de bonne foi, c'est-à-dire avec des vues désintéressées, et seulement en haine de la république, amena une sorte de rupture avec les cabinets de Londres et de Vienne. Bientôt même, s'étant aperçu que l'intention de l'Angleterre était de s'approprier l'île de Malte, il envoya l'ordre à l'escadre russe de la Méditerranée de se retirer, et il mit en même temps l'embargo sur tous les bâtiments anglais qui se trouvaient dans ses ports.

La révolution qui avait placé Bonaparte à la tête du gouvernement français sous le titre de premier consul; le renvoi que celui-ci lui fit de tous les prisonniers russes, habillés à neuf; les messages que probablement il lui envoya pour le détacher de la coalition, opérèrent sur l'esprit de Paul un changement complet. Comme Bonaparte avait toujours battu les Autrichiens, il le tint dès ce moment pour un très-grand guerrier, lui envoya une ambassade solennelle, devint admirateur enthousiaste de ses exploits, et, par une réaction peu honorable de ses idées, il expulsa de Mittau Louis XVIII, sa famille et ses serviteurs, lui retirant même la pension de deux cent mille roubles qu'il lui avait assignée.

Le cabinet de Saint-James se vengea de Paul d'une manière digne de lui et en harmonie parfaite avec sa politique tortueuse et perfide. Il n'ignorait pas qu'il existait en Russie des germes nombreux de mécontentements; il s'attacha à les fomenter, il prodigua l'or aux mécontents, il dirigea clandestinement la faction ennemie, qui craignait ou avait l'air de craindre les excès de Paul. On prétend d'ailleurs que Paul et le premier consul avaient formé en secret le plan de se partager l'Europe (le même plan sortit plus tard des entrevues d'Erfurth, entre Alexandre et Napoléon). On ajoute qu'un corps auxiliaire français, sous les ordres d'Oudinot, devait se rendre en Russie pour aider Paul à conquérir l'Asie Mineure, et à donner la main aux restes de l'armée d'Egypte; mais on dit à Londres que ce corps français était destiné à conduire les Russes dans l'Inde; il n'en fallait pas davantage pour que le cabinet anglais pressât le succès de la conjuration qui s'était formée à Saint-Pétersbourg contre la vie même de l'empereur.

Le chef de cette conspiration odieuse était le général Pahlen, gouverneur de Saint-Pétersbourg. Les Zoubow, dont l'aîné avait été le dernier favori de Catherine; les princes Yarchwill et Talitzin; le général Beningsen, Hanovrien au service de la Russie; tous les colonels et principaux officiers de la garde impériale, et beaucoup d'autres seigneurs étaient au nombre des conjurés. Le grand-duc Alexandre avait été initié au secret. Paul se méfiait de lui, Alexandre craignait son père; Pahlen, par de faux rapports, fit naître l'aigreur, la colère même dans l'âme de Paul, puis il exagéra les terreurs d'Alexandre : il le fit ainsi consentir au projet des conjurés de détrôner le tzar, sous la condition que ses jours seraient respectés.

Cette condition ne fut point remplie, et le malheureux Paul fut lâchement assassiné (1801) par une bande de scélérats conduits par Zoubow aîné, qui porta les premiers coups. Cependant on ne voulait pas que son sang coulât, afin qu'il ne parût pas qu'on l'avait assassiné; on ne voulut que l'assommer, après quoi on l'étrangla avec une écharpe. On dit qu'Alexandre et sa femme attendaient au-dessus de l'appartement de Paul le résultat de la conjuration; que, lorsqu'il en apprit l'issue funeste, il fondit en larmes en s'écriant qu'on l'accuserait d'avoir assassiné son père; il refusa même, suivant quelques écrivains, la possession d'un trône acquis à un prix si affreux, et il n'y monta qu'en *s'immolant lui-même à l'intérêt public*. C'est toujours malgré eux et pour le bien des autres, jamais pour satisfaire leur ambition, que les usurpateurs d'une couronne veulent bien l'accepter.

On assure que Napoléon, instruit de l'existence du complot, avait écrit au tzar pour l'en prévenir, mais que sa lettre avait été interceptée par le favori même de Paul, Koutaisow, qui de valet de chambre était devenu grand seigneur; on assure encore que l'impératrice approuvait le complot, et que la porte d'un escalier dérobé, qui de la chambre de Paul conduisait à celle de son épouse, et par laquelle Paul avait voulu se sauver, avait été fermée en dedans. Dès que cet événement fut connu en Europe et même en Russie, les soupçons de complicité ou de culpabilité qu'Alexandre avait prévus se réalisèrent; ce prince, à la vérité, trouva quelques apologistes, mais l'opinion générale lui imputa une coupable connivence. On lui a surtout reproché de n'avoir rien fait pour venger la mort de son père. Paul, au surplus, ne fut regretté de personne.

(1) Alexandre commença par abroger toutes les ordon-

(1) Comme nous arrivons à une époque où c'est pour ainsi dire sous nos yeux que se sont passés tous les événements dont il nous reste à parler, nous nous bornerons à les mentionner, mais nous n'entrerons dans aucun détail.

nances, la plupart ridicules, rendues par son père, et il modifia celles dont le but pouvait être utile. Il augmenta surtout les attributions du sénat, auquel il accordait le pouvoir de réviser toutes les décisions prises par les ministres, sur la demande des parties intéressées; il créa et dota des établissements de bienfaisance; il propagea l'instruction parmi les basses classes; il forma une bibliothèque publique; il multiplia les écoles, et principalement les écoles militaires; il modifia le tarif des douanes; il ordonna des voyages maritimes; il s'occupa de faire revivre la bonne intelligence qui existait auparavant entre la Russie et l'Angleterre; il rouvrit ses ports aux vaisseaux anglais, sans pour cela vouloir rompre avec le gouvernement français; un traité de paix fut même signé entre la France et la Russie au commencement d'octobre, et lorsqu'on sut que l'Angleterre elle-même traitait et concluait la paix menteuse d'Amiens.

Mais tandis que l'Angleterre songeait à recommencer les hostilités, et qu'elle retenait Malte, le Cap et tout ce qu'elle avait promis de rendre, Alexandre consolidait dans l'Orient les acquisitions de son aïeule, et il déclara la Géorgie province russe (1802). Quand Napoléon se fut fait proclamer empereur (1804), Alexandre refusa de le reconnaître en cette qualité. L'Angleterre ne perdait aucune occasion d'envenimer les relations du nouvel empereur avec les autres puissances; de ce conflit d'intérêts, qu'elle avait l'art de rendre ennemis, surgit une coalition nouvelle, et la coalition produisit la guerre.

Cette guerre se termina à Austerlitz (2 décembre 1805). L'empereur d'Autriche vaincu sollicita un armistice. Alexandre se retira humilié, et un peu désenchanté de cette guerre; il ne demanda que la faculté de rentrer en Russie avec les troupes qui lui restaient.

Cependant, lorsqu'il fut question de ratifier le traité que son plénipotentiaire avait signé, Alexandre le refusa; revenu de sa première stupeur, excité par l'Angleterre et séduit par l'offre de coopération de la Prusse, il rêvait la victoire et le rôle d'arbitre du monde. La bataille d'Iéna décida la querelle (14 octobre 1806); Alexandre n'était arrivé sur le territoire prussien que pour assister à la défaite de son allié; il se retira derrière la Vistule, où il fut poursuivi par les Français. L'hiver suspendit les hostilités. Les Russes les reprirent dans les premiers jours de février 1807; une infinité de combats partiels servirent de prélude à la sanglante journée d'Eylau, qui elle-même annonça la victoire de Friedland (14 juin). On sait qu'à la suite de cette victoire les deux empereurs se réunirent à Tilsitt, et que le roi et la reine de Prusse vinrent les y joindre.

La paix conclue, ou plutôt dictée par Napoléon, eut pour condition la reconnaissance par l'autocrate des rois et des princes que venait de créer l'empereur des Français; d'un autre côté, Napoléon paya la condescendance d'Alexandre par l'abandon des intérêts de la Pologne. Les deux empereurs ne se séparèrent qu'après avoir passé trois semaines dans une familiarité intime. Il n'est pas inutile de dire que Napoléon avait exigé qu'Alexandre fermât ses ports aux Anglais, et qu'Alexandre l'avait promis.

La Russie avait eu plus de bonheur dans l'Orient qu'en Europe : l'amiral anglais Dukworth avait brûlé une escadre turque dans le détroit de Gallipoli; la flotte russe qui se trouvait dans les eaux de Ténédos, ayant rencontré dans le même temps la grande flotte turque, détruisit presque tous ses vaisseaux dans deux combats successifs. Le prince Tsitsianow, qui commandait l'armée russe d'Orient, avait aussi fait plusieurs campagnes heureuses; il avait conquis et réuni à l'empire la province de Chirvan. Un autre général emporta Derbent; tout le pays qui s'étend jusqu'au Caucase se soumit au joug russe.

L'Angleterre était loin de se trouver satisfaite; elle voulut forcer le Danemark à faire partie d'une coalition nouvelle, et sur le refus du roi, la ville de Copenhague fut bombardée et incendiée sans déclaration de guerre. Cette conduite infâme révolta le tzar, qui se déclara protecteur de la Baltique, et fit apposer le séquestre sur tous les vaisseaux appartenant aux Anglais. Comme le roi de Suède refusa d'entrer dans le système de neutralité armée d'Alexandre, celui-ci trouva dans ce refus un prétexte pour lui déclarer la guerre; une armée moscovite envahit la Finlande. Gustave, de son côté, fit arrêter l'ambassadeur russe. Ce fut pour le cabinet de Saint-Pétersbourg un nouveau grief, et le tzar déclara la Finlande entière réunie à l'empire. Le général Buxhevden en acheva aisément la conquête, car déjà une partie appartenait à la Russie, tandis que l'amiral Tchitschagoff tenait bloqué le port de Sweabourg. Le roi de Suède, pour se dédommager, s'empara de la Norwége, et Alexandre ne s'y opposa point.

Ce fut vers ce temps qu'eut lieu la fameuse entrevue d'Erfurth entre Napoléon et Alexandre; il y fut question non du partage réel de l'Europe entre ces deux souverains, mais du partage de l'influence qui devait la dominer. Il paraît toutefois qu'Alexandre n'était pas aussi bien disposé qu'il s'était montré à Tilsitt: aussi Napoléon a-t-il dit de lui plus tard, qu'*il était le plus faux de tous les Grecs*. Toutefois les deux empereurs se firent des concessions mutuelles: Napoléon voulut bien qu'Alexandre s'emparât de la Moldavie et de la Valachie; Alexandre, en revanche, passait à Napoléon l'invasion de l'Espagne. Avant de se séparer, ce qui eut lieu le 14 octobre 1808, ces deux souverains écrivirent collectivement au roi d'Angleterre pour l'engager à se prêter à un plan de pacification générale; George III ne donna que des réponses évasives: ses ministres organisaient encore une coalition, qui ne tarda pas à éclater, mais qui eut le sort des autres, et trouva son dernier jour à Wagram (1809). La coopération douteuse d'Alexandre, allié de Napoléon d'après les conventions d'Erfurth, devint un motif de refroidissement, qu'augmenta, dit-on, encore le refus fait à Napoléon d'une princesse russe, ou, suivant une autre version, la préférence donnée par Napoléon à une princesse autrichienne. Il paraît même que cette version est la plus exacte; car on assure qu'en apprenant que l'empereur d'Autriche donnait sa fille, Alexandre en témoigna un violent dépit.

Le tzar, en paix avec tous ses voisins, s'occupa sérieusement alors de l'administration intérieure. L'agriculture reçut des encouragements ; le commerce de la mer Noire fut favorisé ; le sénat réorganisé, de même que la commission législative créée par Catherine ; de nouveaux efforts furent faits pour améliorer l'éducation et propager les lumières.

La guerre ne tarda pas à se rallumer ; ce fut, cette fois, contre la Porte ottomane que les Russes dirigèrent leurs armes. Le tzar prétendait conserver tous les pays situés sur la rive gauche du Danube ; pour s'en assurer la possession, Alexandre envoya une armée de cent quinze mille hommes. La première campagne fut peu décisive. Les deux campagnes suivantes se réduisirent à quelques places prises, à quelques succès mêlés de revers ; après beaucoup de sang répandu de part et d'autre, la paix se fit à Bucharest, en mai 1812. La Russie y gagna une portion de la Bessarabie, et le Pruth fut fixé pour limite. Alexandre avait été contraint à cette paix, parce que les Français, qui se réunissaient sur la Vistule, semblaient le menacer au cœur de ses Etats. L'indifférence des deux empereurs l'un pour l'autre avait dégénéré en animosité ; et l'infidélité d'Alexandre aux conditions du blocus continental, l'exclusion qu'il donnait aux produits de l'industrie française, le commerce interlope très-actif qui se faisait entre l'Angleterre et la Russie, étaient autant de causes imminentes de rupture.

Les Russes en général désiraient la guerre ; Alexandre, en se décidant à la faire, travailla à se rendre populaire. Toutefois, avant que les hostilités commençassent, on ouvrit des négociations ; mais, comme chacune des parties y apportait de la défiance, elles ne produisirent aucun résultat. Qui ne connaît les brillants débuts de cette mémorable et funeste campagne de 1812, le passage du Niémen, la retraite calculée des Russes, le combat de Smolensk, la bataille de Borodino, la prise et l'incendie de Moscou, les vaines tentatives de pacification qu'essayait Napoléon lorsqu'il commença à s'apercevoir qu'on attendait un auxiliaire mille fois plus terrible qu'une armée, la retraite commencée le 19 octobre au milieu des neiges et des glaces, le fatal passage de la Bérésina, et tous les désastres qui suivirent? Les généraux français avaient rallié avec peine quelques débris; mais les Russes et les Prussiens leurs alliés s'avançaient, les Français abandonnèrent Dresde et se retirèrent peu à peu sur le Rhin.

Napoléon avait recomposé une armée; elle n'était guère formée que de conscrits; mais il connaissait l'art d'en faire des guerriers. Il repartit pour l'Allemagne (1813), et la victoire le suivit de nouveau. Celle de Lutzen produisit plusieurs avantages signalés, et les alliés, qui avaient occupé Dresde une partie de l'hiver, l'évacuèrent à l'approche de Napoléon. La bataille de Bautzen vint encore ajouter au prestige d'invincibilité de l'empereur. Ce ne sont pas les Russes qui l'ont vaincu, disait-on; ce sont les éléments. Sans la défection de l'Autriche, qui fut imitée par la Saxe, la Bavière et toute l'Allemagne, il est à présumer qu'il aurait triomphé encore. Mais, après la victoire de Dresde, la fortune se sépara de lui. La bataille de Leipzig gagnée le 16 octobre, presque perdue le 18, obligea les Français à la retraite, quoiqu'ils fussent restés maîtres du champ de bataille. Ce fut l'arrivée de Bernadotte, d'ardent républicain français devenu roi de Suède, ennemi de sa patrie, et la défection des Saxons pendant l'action, qui empêchèrent les Français d'obtenir une victoire éclatante.

Les coalisés reparurent bientôt à Dresde, où, se jugeant désormais invincibles, ils projetèrent de partager la France. Leurs armées s'avancèrent contre elle, l'envahirent par plusieurs points, et peut-être n'auraient-elles trouvé qu'un tombeau dans ses provinces, si Napoléon n'avait pas eu à lutter contre la trahison et la faiblesse de plusieurs de ses officiers.

La capitulation de Paris termina la guerre. Alexandre en fut l'arbitre. Après un séjour de deux mois dans cette ville, il partit pour Londres avec le roi de Prusse; il y reçut l'accueil le plus flatteur. De là il se rendit en Hollande pour visiter le village de Saardam, où le charpentier Peter Bas avait fait son apprentissage. De retour dans ses Etats, il s'adonna de nouveau aux soins de l'administration, ratifia le traité fait avec la Perse, et envoya des plénipotentiaires au congrès de Vienne, où il s'agissait de partager tout ce que Napoléon possédait en dehors des limites qu'on avait bien voulu laisser à la France.

Chacun des intéressés débattait vivement ses prétentions au congrès, quand on y reçut la nouvelle du retour de Napoléon. Il fallut recommencer la guerre. Les Anglais, les Prussiens et les Autrichiens y prirent seuls part; les Russes n'arrivèrent qu'après la bataille de Waterloo. Cette fois, les vainqueurs étaient bien décidés à démembrer la France; Alexandre s'y opposa fortement. Tout ce qu'il aurait gagné dans le Nord n'aurait pu compenser l'accroissement de puissance que l'Autriche, la Prusse et l'Angleterre auraient reçu de l'incorporation de quelques provinces françaises. Pendant que les plénipotentiaires travaillaient au second traité de Paris, Alexandre offrait à l'empereur d'Autriche et au roi de Prusse son plan de traité de la Sainte-Alliance. Ceux-ci le signèrent; la France n'y adhéra que plus tard.

Alexandre prit alors le titre de roi de Pologne; il promit aux Polonais que leur pays se régirait par ses propres constitutions. Il octroya même au reste de l'ancien duché, transformé en royaume (1815), une constitution représentative. Le grand-duc Constantin fut donné pour commandant en chef de l'armée polonaise: mais on lui laissait des pouvoirs extraordinaires. Les Polonais montrèrent du mécontentement, et leur position s'aggrava. Alexandre visita plus tard la Crimée; ensuite il affranchit les serfs de l'Esthonie, de la Livonie et de la Courlande. Bientôt après eut lieu le congrès d'Aix-la-Chapelle, tant pour la liquidation des créances que les pays autrefois occupés par la France croyaient avoir à réclamer contre elle, que pour établir le principe de libre intervention dans les affaires de ses voisins.

Le tzar avait conservé, de tous les événements qui venaient de se passer, une crainte excessive des entreprises révolutionnaires. Le prince de Metternich savait très-habilement exploiter cette espèce de terreur, afin de l'affermir dans sa haine contre tout ce qui, en s'annonçant sous le nom de liberté, tendait au renversement des institutions existantes. Ce fut contre la Pologne que le tzar déploya d'abord son autorité despotique. La diète résista aux innovations, et le gouvernement russe redoubla de rigueur et de mesures de précaution. D'un autre côté, le tzar expulsa de tous ses États les jésuites, auxquels Paul avait offert un asile.

Le congrès d'Aix-la-Chapelle avait été suivi de celui de Troppau, qui fut remplacé lui-même par le congrès de Laybach, ouvert en 1821. Ce fut là qu'il fut résolu que l'on comprimerait par la force la révolution de Naples. Les troupes autrichiennes s'en chargèrent. Sur ces entrefaites, on reçut la nouvelle de l'insurrection grecque, qui fut en apparence désapprouvée par Alexandre. Toutefois, lorsqu'on sut que les Turcs employaient contre les Grecs la plus horrible violence pour les subjuguer, Alexandre invoqua d'anciens traités, qui déclaraient le tzar protecteur-né de tous ses coreligionnaires sujets de la Porte. Alexandre fit des menaces, dont le divan s'irrita. Les Anglais et les Autrichiens se rendirent médiateurs.

Un cinquième congrès s'ouvrit à Vérone; il fut question de faire la guerre à l'Espagne, et la paix avec la Turquie. Cependant les différends avec la Porte ne furent point terminés sur-le-champ; ils duraient encore lorsque l'empereur, ayant entrepris un voyage dans le midi, fut saisi à Taganrog par une fièvre ardente, qui en peu de jours le conduisit au tombeau (2 décembre 1825).

La nouvelle de sa mort fut à peine répandue, que les corps de l'Etat proclamèrent le grand-duc Constantin, son second frère. Mais il existait aux archives de l'Etat un paquet cacheté, qu'on ouvrit. Là se trouvait une lettre de Constantin, qui priait l'empereur de recevoir sa renonciation à tous droits de succession au trône, parce qu'il se croyait peu capable de gouverner. A cette déclaration était jointe la réponse d'Alexandre, datée à un an de distance; l'empereur, ayant l'air de croire que la renonciation est pleinement volontaire, accepte la renonciation, et nomme tzarévitch son troisième frère, le grand-duc Nicolas. On assure qu'Alexandre, qui connaissait l'humeur violente de Constantin, craignait, s'il parvenait au trône, le renouvellement des excès du règne de leur père. C'est à raison peut-être de cette ressemblance de caractère que Paul s'écria quand on l'assassinait : Constantin, Constantin ! Nicolas ne voulait point d'abord profiter de l'abdication de son frère ; mais, Constantin l'ayant renouvelée, Nicolas fut proclamé. Cependant il y eut à Saint-Pétersbourg une révolte militaire ; un régiment attaché à Constantin, suivi de quelques compagnies d'autres régiments et de quelque populace, se porta vers le palais impérial. La force dissipa les insurgés ; mais les arrestations qui furent faites prouvèrent l'existence d'une vaste conspiration, et d'une société dite des *Amis du bien public*, et de *Slaves réunis*. Il ne s'agissait de rien moins que de changer la forme du gouvernement. C'était la république que voulaient les affiliés.

Plus de douze cents membres furent arrêtés ; parmi eux se trouvaient des officiers supérieurs, des princes, des nobles, des bourgeois. Le tzar fit grâce à quelques-uns, d'autres furent relégués en Sibérie ; il y eut, dit-on, quelques strangulations dans les prisons : le calme ne tarda pas à se rétablir.

Nicolas a suivi en partie la politique de son frère ; il s'y est conformé pour ce qui concerne l'administration intérieure ; il s'en est écarté pour les affaires de l'extérieur. C'est ainsi qu'en 1828 et 1829 il a fait la guerre à la Turquie, guerre qui s'est terminée tout à son avantage, par le traité de paix d'Andrinople (14 septembre 1829). Depuis cette époque la paix a régné en Russie ; quelques insurrections promptement réprimées n'ont pas altéré la sécurité publique ; au dehors, la paix s'est aussi maintenue, malgré les événements de la France et de la Belgique en 1830, qui auraient pu la troubler. Quant à l'insurrection de la Pologne, elle n'a eu pour résultat que de rendre plus pesant pour ses habitants le joug qu'ils ont vainement tâché de briser.

La pensée dominante et continuelle de la Russie, son rêve de tous les jours et de tous les instants, c'est la conquête de Constantinople. Sous prétexte de *protéger* les chrétiens *orthodoxes* de l'empire ottoman, elle a manifesté récemment des prétentions exorbitantes. Les deux grandes puissances de l'Occident, la France et l'Angleterre, ne se sont pas endormies sur l'ambition du tzar. Elles ont aussitôt pris en main la cause de l'opprimé, et la guerre a dû s'ensuivre. Depuis que la lutte est engagée sur les bords de la mer Noire, l'empereur Nicolas est mort; Alexandre II, son fils et son successeur, continue la même politique d'ambition et d'aveuglement. Les armées alliées sont toujours sous les murs de Sébastopol, mais le dénoûment de ce siége héroïque ne peut être éloigné, et au moment où nous écrivons (août 1855), les vainqueurs de l'Alma et d'Inkermann n'ont peut-être plus que quelques jours à attendre pour planter sur la brèche leurs glorieux drapeaux: le bon droit qu'ils soutiennent et Dieu qui les protége nous en donnent le légitime espoir.

FIN.

TABLE CHRONOLOGIQUE

DES

SOUVERAINS DE LA RUSSIE.

Invasion des Varègues, peuple sorti de la Scandinavie sous la conduite de Rurick et de ses frères. 862

RURICK au bout de 3 ans reste seul maître du pays (865) ; il meurt après un règne glorieux de 15 ans. 879

OLEG succède à Rurick, ou pour mieux dire s'empare du pouvoir, et le conserve toute sa vie ; il meurt de la morsure d'un serpent après un règne de 33 ans 912

IGOR, fils de Rurick, est proclamé sans opposition, règne environ 33 ans, et meurt en. 945

SVIATOSLAF, fils d'Igor, monte sur le trône encore enfant, sous la tutelle d'Olga sa mère, fait la guerre presque toute sa vie, et meurt après 27 ans de règne. 972

YAROPOLK Sviatolavitch, fils du précédent, ne possède d'abord que l'état de Kief, mais finit par posséder toute la Russie ; il meurt après un règne de 8 ans. 980

ULADIMIR, frère du précédent, s'empare du trône à la mort de Yaropolk. Il embrasse le christianisme (987), fonde des écoles, bâtit des villes, réforme ses mœurs, qui avaient été fort dissolues (989), et meurt après 34 ans de règne. 1014

SVIATOPOLK, fils de Yaropolk, adopté par Uladimir, saisit la couronne et se fait proclamer par les habitants de Kief. Il triomphe de ses concurrents, fils d'Uladimir. Au bout de quelque temps un de ces derniers, nommé Yaroslaf, bat l'armée de Sviatopolk et se fait proclamer grand-prince par les habitants de Kief. Sviatopolk se réfugie en Pologne ; le roi Boleslas, dont il avait épousé la fille, le ramène à Kief. Reconnu de nouveau, il paie les Polonais de leurs services en les faisant massacrer durant la nuit. Yaroslaf se présente de nouveau, et Sviatopolk vaincu meurt de ses blessures.

YAROSLAF dit LE GRAND, fils d'Uladimir, monte sur le trône (1022), partage la Russie avec son frère Mstislaf (1028), reste en possession des provinces cédées à la mort de Mstislaf (1038), fait de vastes conquêtes (1043), donne des lois à ses peuples, et meurt octogénaire. 1054

YSIASLAF, fils du précédent, lui succède à Kief ; ses trois frères partagent avec lui l'empire. La guerre entre les frères commence (1064). Ysiaslaf est plusieurs fois chassé de son trône et plusieurs fois restauré ; il meurt après un règne très-agité. 1078

USEVOLOD, frère du précédent, règne assez paisiblement, et meurt au bout de quinze ans. 1093

SVIATOPOLK II, fils d'Ysiaslaf, eut un règne de 20 ans, durant lequel il dut toujours subir l'ascendant de son cousin Uladimir, surnommé *Monomaque* ; il meurt en. 1113

Uladimir II, dit *Monomaque*, fils d'Usévolod, monte sur le trône, auquel il avait toujours aspiré; mais il ne le garde que 13 ans, et meurt en. 1126

Mstislaf, fils d'Uladimir, succède à son père comme grand-prince de Kief, est surnommé *Le Grand*, et meurt après un règne fort court, en. 1132

Yaropolk II, frère du précédent, n'eut comme son frère qu'un règne d'environ 6 ans; il meurt en. 1139

Usévolod II, Olgovitch, petit-fils de Sviatopolk II, s'empare de la couronne; il meurt après l'avoir portée 7 ans seulement, en. 1146

Igord II, Olgovitch, frère du précédent, est détrôné, l'année même de son avénement, par Ysiaslaf, fils de Mstislaf.

Ysiaslaf II s'empare du trône, jette Igor dans une prison, est à son tour expulsé par Youri ou George, fils d'Uladimir et frère de Mstislaf. 1149

Youri ou **George** I est expulsé à son tour. 1190

Ysiaslaf II est rétabli; mais la même année il doit céder la place à Youri, qui est rappelé. Celui-ci ne fait que paraître sur le trône; il est obligé de l'abandonner de nouveau à Ysiaslaf, qui meurt 4 ans après. 1154

Rostislaf (Mikhail), fils de Mstislaf, est proclamé immédiatement, et chassé au bout de quelques mois par Ysiaslaf de Tchernigof, qui lui-même à son tour l'est par Youri I, qui ressaisit la couronne, et meurt après l'avoir gardée 3 ans. 1157

Ysiaslaf III remonte sur le trône de Kief, et en est précipité au bout de 2 ans. 1159

Rostislaf (Mikhail) est proclamé une seconde fois. Ysiaslaf lui dispute la possession du sceptre. La mort de ce dernier laisse Rostislaf sans rivaux; mais il jouit peu de temps de ce retour de fortune; il meurt en. 1167

Mstislaf II, fils d'Ysiaslaf, succède à son oncle, et est détrôné au bout de 2 ans par André, fils d'Youri, lequel régnait à Uladimir; la ville de Kief est complétement ruinée; Mstislaf s'enfuit en Volhynie. 1169

André, maître de la Russie, transporte à Uladimir le siége du gouvernement; il meurt assassiné. 1174

Michel Ier, frère d'André, est appelé au partage de la Russie par les fils d'André; il finit, après de sanglantes querelles, par s'emparer de la grande-principauté; mais son règne n'est que d'un an; il meurt en. 1176

Usévolod III, autre frère d'André, est élu à Uladimir. Mstislaf, son neveu, lui dispute la couronne; il triomphe de ses ennemis et réunit toute la Russie sous sa domination, à l'exception de Kief, où Sviatoslaf Olgovitch, descendant d'Usévolod II, tente de rétablir l'autorité et le titre de grand-prince; il meurt après un règne de 36 ans, en. 1212

George II, fils cadet d'Usévolod, désigné successeur par son père, est détrôné au bout de 4 ans par son frère Constantin. 1216

Constantin Ier ne garde la couronne que 3 ans ; il désigne pour héritier son frère George. 1219

George II rétabli ; première invasion des Tartares (1223) ; seconde invasion (1229) ; prise d'Uladimir par les Tartares (1238) ; George périt dans une bataille. 1238

Yaroslaf II, Fédor, frère de George II, recueille son héritage ; il devient vassal du grand kan ; il meurt, dit-on, empoisonné après neuf ans de règne. 1247

Sviatoslaf III, frère d'Yaroslaf, est détrôné par ordre du grand kan, qui donne la Russie aux fils d'Yaroslaf, André et Alexandre. 1248

Alexandre Ier. André fut détrôné presque aussitôt, parce qu'il voulut paraître indépendant. Son frère règne seul à Uladimir ; la ville de Kief avait été de nouveau ruinée ; il meurt en 1263

Yaroslaf III, frère d'André et d'Alexandre, est placé sur le trône par les Tartares ; il meurt comme ses deux frères avec soupçon de poison. 1272

Vassili Ier, frère cadet du précédent, lui succède, et meurt au bout de 4 ans. 1276

Dmitri Ier ou Démétrius, fils d'Alexandre Ier, monte sur le trône ; est plusieurs fois déposé, rétabli ; meurt après un règne agité, en. 1294

André II, autre fils d'Alexandre, succède à son frère et meurt, détesté de ses sujets, après 10 ans de règne. 1304

Michel II dispute la couronne à George de Moscou, l'obtient par le secours des Tartares ; continue de guerroyer contre George, qui avait gagné le grand kan et épousé une de ses sœurs ; accusé d'avoir empoisonné cette femme, qui était sa prisonnière, Michel doit se rendre à la horde, où il est jugé, condamné à mort et exécuté. 1319

George III lui succède, mais l'année suivante le kan le dépose. 1320

Demetrius II, fils aîné de Michel, rencontrant à la horde George III, qui avait causé la mort de son père, s'élance sur lui et le tue ; il est lui-même mis à mort. 1321

Alexandre II, frère de Démétrius II, est nommé par le kan. Sous ce règne, le prince de Moscou, Jean, obtient du kan le titre de grand-prince. Alexandre, attaqué par ce dernier, s'enfuit et abandonne le sceptre. 1328

Jean Ier ou Ivan, par son dévouement aux Tartares, obtient la confirmation de son titre, transporte à Moscou le siége du gouvernement, et meurt en. 1340

Siméon Ier succède à Jean ou Ivan, son père ; conserve la faveur du grand kan, qui le déclare chef de tous les princes russes ; il meurt après 13 ans de règne, en 1353

Jean ou Ivan II, frère du précédent et surnommé le *Débonnaire* ; son règne n'est que de 6 ans ; il meurt en. 1359

Demetrius III, descendant de Constantin et prince de Souzdal, est nommé grand-prince par le kan, et couronné à Uladimir ; un fils d'Yvan II lui dispute le trône, et il en fait la conquête, aidé par les Tartares ; Démétrius se retire à Souzdal. . . 1362

Demetrius IV, fils de Jean II, se fait couronner à Uladimir, mais rétablit le siége de l'empire à Moscou. Démétrius de Souzdal fait d'infructueux efforts pour reconquérir le trône; il est réduit à la qualité de vassal. Un incendie dévore Moscou; le Kremlin est reconstruit en pierres (1367). Les Moscovites commencent à résister aux Tartares, font sur eux des conquêtes, gagnent la grande bataille de Koulikoff (1380). Démétrius meurt prématurément après un règne glorieux, il n'avait que 40 ans. 1389

Vassili II, fils de Démétrius, n'avait que 17 ans lorsqu'il monta sur le trône; il réunit à la grande-principauté Nijni-Novgorod, ville jusque-là indépendante, Souzdal et plusieurs provinces; il dominait par son influence à Tver et à Rézan; il mourut dans sa 53e année, après avoir régné 36 ans, en. . . 1425

Vassili III, fils du précédent, âgé seulement de 10 ans à la mort de son père; les factions se font la guerre; Vassili, tantôt vainqueur, tantôt vaincu, finit par tomber aux mains de ses ennemis, qui lui arrachent les yeux (1448). Il est rétabli peu de temps après, et associe à l'empire son fils Jean; il meurt en. 1462

Jean ou Ivan III, fils de Vassili III, bat les Tartares, se rend indépendant et acquiert beaucoup de puissance (1485). Il intervient dans les affaires du royaume de Kazan (1496). Il reprend toute la Russie méridionale, fait des conquêtes, étend au loin sa domination, et meurt, après un règne d'environ 44 ans, en. 1505

Vassili IV, fils du précédent, monte sur le trône sans opposition, fait la guerre à la Pologne, obtient des succès sur les Tartares, réunit à l'empire la principauté de Rézan, meurt âgé de 54 ans, en. 1533

Jean ou Ivan IV, fils du précédent, âgé à peine de 5 ans, monte sur le trône sous la tutelle de sa mère Hélène; est couronné à l'âge de 18 ans (1546); est surnommé le Féroce, à cause de son caractère cruel et sauvage; il a des relations avec l'Angleterre; meurt regretté et pleuré, malgré sa barbarie; il avait pris le titre de tzar. 1584

Fedor Ier, fils de Jean IV, a un règne assez paisible de 16 ans; il soulagea le peuple en diminuant les impôts, laissa au surplus l'exercice du pouvoir aux mains de son favori Godounof; il est le dernier prince de la dynastie varègue; meurt en janvier. 1598

Godounof, beau-frère de Fédor, à force d'artifices s'assure la couronne et se fait prier de l'accepter; il se montre digne du trône. Un aventurier nommé Otrépief se fait passer pour Démétrius, fils de Jean; Godounof meurt subitement. . 1605

Fédor II, fils de Godounof, âgé de 16 ans, est détrôné la même année par Otrépief, jeté dans une prison et étranglé.

Otrépief, ou le premier faux Démétrius, couronné à Moscou, commet beaucoup de fautes et d'imprudences; on conspire contre lui; il néglige les avis qu'on lui donne, et périt victime de sa témérité. 1606

Vassili V (Schouiski), chef des conjurés, s'empare du trône. Second faux Démétrius, ses succès; secondé par les Polonais, il assiége Moscou; embarras de Schouiski; de nouveaux imposteurs se présentent : l'un se dit fils du tzar Ivan, l'autre fils du tzarévitch ; livrés au second faux Démétrius, ils sont mis à mort; Schouiski est abandonné de tous, et contraint de prendre l'habit monastique; livré avec sa femme et ses frères au roi de Pologne, il est emprisonné, et bientôt après empoisonné ou étranglé. 1610

Anarchie de trois ans, durant laquelle les Polonais s'étaient emparés de Moscou.

MICHEL ROMANOF monte sur le trône en 1613, et devient le chef d'une dynastie nouvelle; il a de longues guerres à soutenir contre la Pologne; cherche inutilement à reprendre Smolensk (1632); s'empare d'Azof (1642); meurt âgé de 49 ans, après un règne de 32 ans. 1645

ALEXIS, fils aîné de Michel Romanof, lui succède; il apaise des révoltes; livre au supplice un nouvel imposteur; tâche d'introduire quelque civilisation en Russie; reprend sur les Polonais Smolensk et beaucoup d'autres places; meurt après un règne de 31 ans 1676

FEDOR III, fils d'Alexis, n'avait que 19 ans lorsqu'il monta sur le trône; il détruisit plusieurs abus, et mourut très-jeune, après un règne d'environ 6 ans. 1682

IVAN V, 2e fils d'Alexis, prince faible d'esprit et de corps, reçoit la couronne; sa sœur Sophie règne sous son nom.

PIERRE Ier. Le sénat nomme le jeune Pierre, frère d'Ivan; les deux frères sont couronnés ensemble; Sophie dirige les affaires; traité d'alliance avec l'Autriche (1686). Pierre secoue le joug de sa sœur, qui est arrêtée ainsi que le ministre Galitzin; il exerce seul tout le pouvoir après la mort de sa mère Natalie (1693). Ivan V meurt trois ans après (1696). Pierre reste seul sur le trône; reprend Azof sur les Turcs; part pour la Hollande (1697); rentre dans ses États; soumet des rebelles; répudie sa femme Eudoxe, mère d'Alexis (1699); fait plusieurs ordonnances de réforme; soutient la guerre contre Charles XII; prend Newtchantz sur la Néva (1703); fonde Saint-Pétersbourg; gagne sur les Suédois la bataille de Lesno, et sur Charles en personne celle de Pultawa (1709); épouse Catherine, veuve d'un soldat (1711); fait la conquête de la Finlande (1713); bat les Suédois sur mer (1715); part de nouveau pour la Hollande (1716); fait juger et condamner son fils Alexis, qui périt dans sa prison de maladie ou empoisonné (1718); acquiert la Livonie, l'Esthonie, l'Ingrie, la Carélie, et accorde la paix à la Suède (1721); abolit le patriarcat; meurt en février, âgé seulement de 52 ans. 1725

CATHERINE Ire. Sa veuve, est proclamée impératrice (1725); Mentschikof, favori de Pierre et le sien, règne sous son nom, et soumet les Cosaques (1726). Elle meurt, après avoir désigné pour lui succéder Pierre, fils du tzarévitch Alexis, en mai 1727.

PIERRE II, petit-fils de Pierre Ier et de sa première femme Eudoxe, est proclamé tzar. Mentschikof lui fait épouser une de ses filles; Ivan Dolgorouki, favori du nouveau souverain, renverse Mentschikof, qui est relégué en Sibérie, où il meurt en (1729). Le tzar meurt la même année. 1729

Anne, fille d'Ivan V, duchesse de Courlande, est appelée au trône par les grands, qui lui imposent des conditions qu'elle accepte, et dont elle ne tarde pas à se délivrer (1730); elle abandonne des provinces conquises sur la Perse)1734); procure à son favori Biren le duché souverain de Courlande (1737); fait la paix à Belgrade avec les Turcs (1759); meurt après 10 ans de règne. 1740

Ivan VI, fils d'une nièce d'Anne, la duchesse de Brunswick, est appelé à lui succéder, quoique enfant; sa mère est nommée régente. Elisabeth, fille de Catherine et de Pierre, conspire pour renverser Ivan, et réussit. 1741

Elisabeth, proclamée impératrice, fait la guerre à la Suède; on conspire contre elle; supplice des conjurés (1743). Elle fait épouser à son neveu Pierre, duc de Holstein, qu'elle avait adopté et proclamé grand-duc de Russie, une princesse d'Anhalt Zerbst, devenue célèbre sous le nom de Catherine II (1754). Elle s'allie à l'Autriche et à la France dans la guerre de 7 ans (1756). Elle meurt en décembre. 1761

Pierre III, neveu d'Elisabeth et fils d'Anne, sœur de celle-ci, est proclamé empereur; mésintelligence entre sa femme et lui; conspiration contre son autorité et sa vie, conduite par Catherine; les conjurés le forcent d'abdiquer, et le jettent dans une prison, où ils le tuent après un règne de 6 mois. . . . 1762

Catherine II. Elle meurt, après un règne agité de 34 ans, le 16 novembre. 1796

Paul, fils de Pierre III et de Catherine II, surnommé *Temnoï* ou le Ténébreux, annonce d'abord un beau règne; ne tarde pas à se conduire en despote; un caractère bizarre et cruel se développe en lui; il prend part à la guerre contre la France; donne le commandement à Souwarow, auquel il décerne le surnom d'*Italique*; accuse ses alliés des désastres de ses armées; a des relations amicales avec le premier consul; excite contre lui-même beaucoup de mécontentements; conjuration à laquelle, dit on, son fils Alexandre n'est pas étranger; Paul est assassiné. 1801

Alexandre Ier monte sur le trône à l'âge de 23 ans, et meurt, après 24 ans de règne, le 11 décembre. 1825

Nicolas. A la nouvelle de la mort d'Alexandre, arrivée dans la Tauride, les divers corps de l'Etat proclamèrent Constantin, frère du défunt; mais on produisit une renonciation formelle de Constantin à son droit de succéder au trône, renonciation acceptée par Alexandre. Nicolas ne voulait pas, dit-on, profiter de cet acte; mais Constantin ayant renouvelé son abdication, Nicolas accepta. Il régna 30 ans, et est mort au commencement de mars. 1855

Alexandre II. 1855

FIN DE LA TABLE CHRONOLOGIQUE.

TABLE DES MATIÈRES

FIN DE LA TABLE.

Tours. — Imp. Mame.

www.ingramcontent.com/pod-product-compliance
Ingram Content Group UK Ltd.
Pitfield, Milton Keynes, MK11 3LW, UK
UKHW021139260726
13994UKWH00001B/223

9 782329 410012